Volker K. Thomalla · Boeing 747

Flugzeuge
die Geschichte machten

Herausgegeben von Mike Riedner

Volker K. Thomalla

BOEING 747

Motorbuch Verlag Stuttgart

Einbandgestaltung: Johann Walentek unter Verwendung eines Dias der Deutschen Lufthansa AG, Köln.

**Flugzeuge
die Geschichte machten**

**Eine Buchreihe im Motorbuch Verlag Stuttgart
Bisher in dieser Reihe erschienen: Concorde, Junkers Ju 52, Douglas DC-3, Starfighter F-104
Weitere Bände in Vorbereitung**

ISBN 3-613-01514-5

Inhalt

Riesen gesucht

Als der Holzhändler William E. Boeing am 15. Juli 1916 in Seattle, im äußersten Nordwesten der Vereinigten Staaten von Amerika die Firma Pacific Aero Products gründete, konnte niemand ahnen, daß er damit den Grundstein für ein Unternehmen gelegt hatte, das innerhalb weniger Jahrzehnte der führende Flugzeughersteller der westlichen Welt werden sollte. Doch das Motto, das William E. Boeing nach einem Mitflug mit einer der damaligen Flugmaschinen geprägt hatte, verlor über die Jahre seine Gültigkeit nicht: »I think we can build a better airplane (Ich glaube, wir können ein besseres Flugzeug bauen).« Damit meinte Boeing, es gibt an jedem Flugzeug immer technisch etwas zu verbessern, egal wie perfekt der Entwurf auch sei.

Aus den Anfängen in der berühmten Red Barn, der ersten Fabrikationsstätte der Firma, in der gerade mal 24 Mann arbeiteten, entwickelte sich kontinuierlich ein Unternehmen auf dessen Lohnliste heute über 150 000 Personen stehen und das als der weltweit führende Aerospace-Konzern gilt. 1917 wurde Pacific Aero Products in »The Boeing Airplane Company« umbenannt, 1961 nahm sie den Namen »The Boeing Company« an. Die Boeing Company baute im Laufe ihrer Geschichte eine ganze Reihe berühmter Militär- und Zivilflugzeuge. Angefangen bei den Doppeldeckern der zwanziger Jahre, die sich bei der US Navy bewährten, über die Jagdflugzeuge vom Typ F-26 »Peashooter« und den riesigen Wasserflugzeugen Boeing Model 314, mit denen gegen Ende der dreißiger Jahre der transozeanische Linienflugverkehr aufgebaut wurde. Im Zweiten Weltkrieg schließlich baute Boeing Tausende von Bombern der Typen B-17 und B-29 und sammelte ab 1945 mit der C-97 und dem Model 377 »Stratocruiser« Erfahrungen im Bau von großen Transportflugzeugen. Weitere wichtige Konstruktionen aus dem Hause Boeing waren die strahlgetriebenen Bomber B-47 und B-52, die 1947 beziehungsweise 1952 erschienen. Mit dem Model 367-80, dem Prototyp der Boeing 707 (und ihrer militärischen Variante, der KC-135), stieg Boeing in das Geschäft mit zivilen Düsenverkehrsflugzeugen ein. In der Folge entstanden die dreistrahlige Boeing 727 für Strecken mittlerer Reichweite (Erstflug 9. Februar 1963) und die zweistrahlige Boeing 737 für den Kurzstreckenverkehr (Erstflug 9. April 1967). Für Langstreckenflüge mit hohem Passagieraufkommen entwarf und baute Boeing die 747.

Die Erfolgsgeschichte der Boeing 747, des Jumbo Jets, begann jedoch mit einer herben Niederlage für das Unternehmen. 1961 hatte die United States Air Force (USAF) ein Projekt unter dem Namen »Forecast« (Vorhersage) gestartet, das den Bedarf der USAF an Flugzeugen nach 1970 definieren sollte. Schon früh zeigten die Studien, daß die

Die ersten Illustrationen ließen ahnen, welche Ausmaße Boeings Vorschlag für die CX-HLS-Ausschreibung der USAF haben sollte.

amerikanischen Streitkräfte einen Mangel an Luft-
transportraum hatten. Mit den damaligen Flugzeugen wie der C-97 Stratofreighter, C-118 Liftmaster
und C-124 Globemaster konnten zwar beachtliche
Mengen an Truppen transportiert werden, doch
waren Nutzlast, Reichweite und Geschwindigkeit
aufgrund der angewendeten Kolbenmotor-An-
triebe insgesamt beschränkt. Bei Manövern wie
der »Operation Big Lift« im Oktober 1963 wurde
dies deutlich. Über 15000 Soldaten wurden mit
Kolbenmotor- und Turbopropmaschinen über den
Atlantik nach Deutschland geflogen und mußten
dort eingelagerte schwere Waffen benutzen, denn
ihre eigenen Waffen und Geräte waren für den
Lufttransport zu schwer oder zu voluminös und
hätten per Schiff nachgebracht werden müssen,
was Wochen in Anspruch genommen hätte. In einem Krisenfall in einem anderen Teil der Welt wären die Amerikaner also nicht in der Lage gewesen,
schnell zu reagieren. Selbst der 1965 beim Military
Air Transport Service (MATS), dem späteren Military Airlift Command (MAC), eingeführte Transport-
jet C-141 Starlifter war den militärischen Planern
nicht groß genug.
Also wurde ein gigantisches Transportflugzeug mit
globaler Reichweite gefordert. Unter den Bezeichnungen CX-4 und CX-X entstanden nacheinander
zwei Forderungskataloge, in denen die Leistungs-
merkmale des zukünftigen Militärtransporters festgelegt waren. Die Industrie sah sich nicht im
Stande, diese Leistungen zu erbringen und so entstand ein dritter Katalog mit weniger utopischen
Forderungen bezüglich Reichweite und Nutzlade-
kapazität für einen Transporter. Das USAF Systems
Command forderte die US-Luftfahrtindustrie auf,
Vorschläge für den CX-HLS-Transporter (CX-HLS:
Cargo Experimental Heavy Logistics System) ein-
zureichen.
Die drei großen Flugzeugbau-Unternehmen der
Vereinigten Staaten, Lockheed, Boeing und Doug-

Ein M48-Panzer neben einem Jeep bei Ladetests in einer C-5A-Frachtraumattrappe in Fort Lewis/ Washington.

In dem riesigen Rumpf des C-5-Projektes von Boeing sollten alle Arten von schweren Waffen einer US-Infanteriedivision Platz finden.

las bewarben sich für den Bau des Flugzeuges, die beiden konkurrierenden Motorenhersteller General Electric Aero Engines und Pratt & Whitney kämpften um den Auftrag zur Triebwerksentwicklung. Die Zellenhersteller erhielten für ihre Studien anfangs je 400 000 Dollar, die Antriebshersteller je eine Viertelmillion.

Im August 1965 erhielt General Electric den Auftrag zum Bau des TF39-Turbofans – übrigens das erste High-Bypass-Serientriebwerk für Großraumflugzeuge. Sechs Wochen später, am 30. September

1965, ging der Zuschlag für die Konstruktion und die Herstellung der C-5A an Lockheed. Boeings C-5-Vorschlag - so wurde später spekuliert – hatte technisch gesehen Gefallen gefunden, doch war der kalkulierte Preis zu hoch. Lockheeds C-5A »Galaxy« wurde realisiert und war lange Zeit das größte Düsenflugzeug der Welt.

Boeing hatte große Anstrengungen unternommen, den Auftrag zu gewinnen. Unter anderem hatten Boeing-Ingenieure ein 1:1-Mock-up des Rumpfes gebaut, um in Ladetests in Fort Lewis, südlich von

Seattle, zu beweisen, daß nahezu jedes Fahrzeug einer US Infanterie-Division vom Jeep bis zum M48-Panzer in den neuen Jet-Giganten verladen werden konnte. Für diese Arbeit und weitere Detailstudien hatte Boeing genau wie Lockheed sechs Millionen Dollar von der USAF erhalten. Auf eigene Kosten hingegen übernahm der Konzern aus Seattle Versuche mit neuen Hochauftriebshilfen und einem Fahrwerk mit weitem Radstand für unvorbereitete, weiche Pisten. An dem Prototyp der Boeing 707 wurde das Fahrwerk als festes Fahrwerk auch in der Praxis bei Starts und Landungen auf einem ausgetrockneten Salzsee getestet.

Die Nachricht von der Auftragsvergabe an Lockheed löste bei Boeing Bestürzung aus. Noch am selben Tag holte das Unternehmen den Ingenieur Joseph F. Sutter aus dem Urlaub zurück und beauftragte ihn und sein 100 Mann starkes Team mit der Aufgabe, ein Verkehrsflugzeug in Jumbo-Größe zu entwerfen. Daß Sutter, der schon bei der Entwicklung des Startotcruisers mit den Problemen beim Bau von großen Flugzeugen konfrontiert war, dabei von den Erfahrungen, die Boeing mit den C-5-Entwürfen gemacht hatte, profitierte, ist verständlich.

Boeing hatte bereits zu Anfang der sechziger Jahre erkannt, daß der ständig anwachsende Luftverkehr spätestens Anfang der siebziger Jahre nicht mehr mit den herkömmlichen Flugzeugen zu bewältigen sein würde. Seit dem Frühjahr 1963 untersuchte bei der Boeing Company eine Projektgruppe verschiedene Ideen für ein neues Verkehrsflugzeug. Dies war lange bevor Lockheed den Zuschlag für die C-5A erhielt. Die große Frage, die man sich stellte, lautete: Werden Überschallverkehrsflugzeuge oder Widebody-Jets die zivile Luftfahrt der Zukunft bestimmen? Boeing untersuchte schon seit 1952 die Möglichkeiten eines Supersonic Transport (SST). Marktforschungen in Europa, USA und

Lockheeds Vorschlag für die C-5A Galaxy bekam den Zuschlag der USAF und war lange Zeit das größte Düsenflugzeug der Welt.

Im Werk Renton baute Boeing ein Rumpf-Mock-up der C-5A, das die Dimensionen der geplanten Maschine verdeutlicht.

Japan zeigten, daß Mitte der siebziger Jahre die Zeit reif sei für ein Großraumflugzeug, das rund 375 Passagiere über große Distanzen befördert. Einer der daraufhin untersuchten Vorschläge sah eine gestreckte Boeing 707 mit einem Standardrumpfdurchmesser und einer Länge von 63,70 m vor. Das Boeing 707-820/506 bezeichnete Projekt hatte aber keine Chance zur Verwirklichung, da eine Streckung der 707 auf diese Größe für Boeing nicht wirtschaftlich gewesen wäre. Ein anderer Entwurf bestand aus zwei übereinander verbunde-

nen 707-Rümpfen und wurde „Double-Bubble-Fuselage" genannt. Er fand kein Gefallen, da die Airlines befürchteten, daß ein solches Doppeldeck-Flugzeug mit kleinem Rumpfdurchmesser zu schwierig zu beladen sei und dementsprechend lange Bodenzeiten benötigen würde. 50 verschiedene Entwürfe wurden insgesamt untersucht.

Nachdem sich bei Sutters Team der Entwurf eines Großraumflugzeuges mit drei Decks herauskristallisierte, erhielt der Entwurf im März 1966 offiziell den Projektnamen Boeing 747.

In einer von Boeing herausgegebenen Kurzgeschichte der 747 wird das entscheidende Gespräch, das letztendlich den Ausschlag zum Bau des Jumbo Jets gab, wie folgt beschrieben: »Im Dezember 1965 trafen sich Boeings Präsident William Allen und Pan American World Airways Präsident Juan Trippe, um über Boeings Pläne für das neue Flugzeug zu diskutieren. Obwohl die Details des Treffens zwischen Trippe und Allen nie veröffentlicht wurden, soll der Kernpunkt des Gesprächs folgendermaßen abgelaufen sein: Trippe sagte: „Wenn Sie das Flugzeug bauen, kaufe ich es." Darauf Allen: „Wenn Sie es kaufen, baue ich es." Das Ergebnis war ein Auftrag für 25 Flugzeuge, die je 20 Millionen Dollar kosteten. «

Am 13. April 1966 unterzeichnete Pan Am den Vertrag mit einem Gesamtwert von 525 Millionen Dollar. Das war der größte Auftrag, den eine Zivilluftfahrtgesellschaft bis dahin je vergeben hatte. Boeing gab grünes Licht für die Entwicklung der 747, jedoch nicht, ohne sich nicht ein Hintertürchen offenzuhalten, wie der britische Autor Peter Gilchrist in seinem Buch »Boeing 747« schreibt: »Wegen der großen Managementaufgabe vor sich hatte Boeing eine Rücktrittsklausel in dem Vertrag mit Pan Am festgelegt. Die erlaubte dem Unternehmen, sich jederzeit bis zum 1. August 1966 mit nur geringen Konventionalstrafen aus dem gesamten Programm zurückzuziehen. Dies gab Boeing effektiv drei Monate Zeit, alle wichtigen Verhandlungen zum Abschluß zu bringen.«

Von der Rücktrittsklausel machte die Boeing Company bekanntermaßen keinen Gebrauch und heute gibt es sicher keinen in dem Unternehmen, der darüber traurig ist. Pan American World Airways war damals eine der führenden, wenn nicht die führende Fluggesellschaft der Welt und ein Auftrag von Pan Am war der beste Programmstart, den sich ein Flugzeughersteller in den sechziger Jahren wünschen konnte.

Die Zahl der Ingenieure im Team um Sutter wuchs von anfänglich 100 auf 4000 während der »heißen Phase« des Designs und Sutter wurde später bekannt als der »Vater der 747«. CAD und CAM (Computer Aided Design/Computer Aided Manufacturing) waren damals unbekannte Wörter im Ingenieursvokabular, sämtliche 75 000 Zeichnungen, die zum Entwurf und zum Bau der ersten 747 notwendig waren, wurden von Hand gezeichnet! Bis zum Produktionsbeginn hatte das Programm zehn Millionen Ingenieursstunden beansprucht. In über 15 000 Stunden im Windkanal wurde die endgültige Auslegung der 747 festgelegt und getestet.

Die Entwicklung des Jumbos war beileibe kein Kinderspiel. In einer Boeing-Veröffentlichung anläßlich des 20jährigen Jumbo-Jubiläums im September 1988 hieß es: »Als das 747-Programm an Fahrt gewann und sich seinen verschiedenen Terminen näherte, wurden einige Revisionen und Verbesserungen an der Konstruktion gemacht. Das kommt bei einem völlig neuen Flugzeugprojekt schon vor, aber Joe Sutter erinnert sich, daß die Airlines bei der 747 immer mehr und immer größere und schwerere Ausstattungen haben wollten. Der damalige Chef der Boeing Commercial Airplane Division, E.H. Tex Boullioun, erinnert sich: „Die Fluggesellschaften dachten bei der 747 an eine Art fliegender Palast. Einige wollten sogar Kronleuchter installieren!"«

Als das errechnete Gewicht der Innenausstattung der Passagier-747 mehr als 30 000 Pounds (13 608 kg) höher war als vorgesehen, zog Boeing einen Strich, zumal das errechnete Gewicht der Zelle ebenfalls mehr als 7000 kg über Soll lag. Ein Diätprogramm für die gesamte Konstruktion wurde gestartet, da sonst die Leistungen, die Boeing den Airlines schriftlich garantiert hatte, ernsthaft gefährdet waren. Wie es in US-Unternehmen üblich ist, erhielt das Sparprogramm einen leicht zu merkenden Namen: »Lift and Thrift«, was auf deutsch

Auf diesem frühen Modell-foto der Boeing Jetliner-Familie ist die Ähnlichkeit der 747 mit dem C-5A-Vorschlag unverkennbar.

men griffen und der Jumbo wurde wieder leichter. Gleichzeitig wurde von dem Triebwerkshersteller Pratt & Whitney verlangt, die Leistung des neuen Turbofan-Antriebs für den Jumbo Jet zu steigern. Pratt willigte ein und versprach, den Terminplan für die Weiterentwicklung des JT9D genannten Düsen-aggregates zu straffen.

Die Größe des neuen Flugzeugs bescherte dem Konstruktionsteam allerlei Probleme. Um die Dimensionen zu verdeutlichen: Die Leitwerkshöhe von über 19 Metern übertrifft die Dachrinnenhöhe eines durchschnittlichen fünfstöckigen Hauses. Da das Cockpit der 747 in fast zehn Meter Höhe sein sollte, gaben einige kluge Leute zu bedenken, daß die Piloten mit der ungewohnten Höhe ihres Sitzes vielleicht nicht zurechtkämen und Probleme beim Rollen der Maschine am Boden haben könnten. Flugs bauten die Ingenieure eine Attrappe der Cock-pitsektion, die auf ein Gestell auf der Ladefläche eines Trucks montiert war und übten in zehr Meter Höhe das Rollen der 747, lange bevor die erste Maschine ihrer Vollendung entgegensah. Ein breit grinsendes »Smile-Gesicht« anstelle des Radoms zeigte, daß trotz aller Ernsthaftigkeit der Bemühungen auch der Humor des Entwicklungsteams nicht gänzlich abhanden gekommen war. Die Rollversuche mit dem Gefährt ergaben: Das Steuern des Riesenvogels ist aus der Höhe kein Problem, ganz im Gegenteil, von dort oben haben die Piloten sogar einen hervorra-genden Überblick. Jumbo-Piloten berichten, an-fangs laufe man wegen der Größe des Flugzeugs und der Höhe, in der man sitzt, Gefahr, die Rollge-schwindigkeit zu unterschätzen. Aber dafür gibt es heute vollbewegliche, stationäre Simulatoren und Jumbo-Besatzungen müssen bei ihrem Type-Rating für die 747 nicht mit einer lachenden Cock-pitattrappe über das Vorfeld fahren, wie es die Boeing-Ingenieure und -Testpiloten taten.

Dem Unternehmen war klar, daß die Dimensionen des neuen Flugzeuges in vielerlei Hinsicht alles in

mit den Worten »Auftrieb und Sparsamkeit« wohl am besten wiedergegeben ist. Bei der Abmage-rungskur wurde die Verantwortung ziemlich weit nach unten delegiert. Auf der Ebene der Abtei-lungsleiter durfte über Änderungen entschieden werden, wenn diese bei gleicher Festigkeit nur das Gewicht reduzierten und nicht zu teuer wurden, denn jede Änderung einer bestehenden Konstruk-tion kostete das Unternehmen Geld. Die Maßnah-

den Schatten stellen würden, was Boeing bislang gebaut hatte. Das finanzielle Risiko setzte die Existenz der Boeing Company auf das Spiel. Alles in allem waren Investitionen für Forschung, Entwicklung, Personal, Gebäude und Werkzeuge in Höhe von einer Milliarde Dollar notwendig. Wenn die 747 kein Erfolg geworden wäre, würde Boeing mit einiger Wahrscheinlichkeit heute nicht mehr existieren. Viele Flugzeughersteller scherzten in dieser Zeit sarkastisch, ein neues Flugzeugprojekt sei gleichbedeutend mit dem Verwetten der ganzen Firma. Auch organisatorisch sprengte die 747 alles bisher dagewesene, denn die mehr als 15 000 Zulieferfirmen mußten ihre Systeme, Komponenten und Teile pünktlich und in einer definierten Qualität liefern. Dies zu koordinieren war eine mindestens ebenso große Herausforderung wie die Konstruktion des Flugzeugs selbst. 60 Prozent jeder 747 werden nicht von Boeing produziert, sondern von Zulieferern aus 49 US-Bundesstaaten und sechs weiteren Nationen.

In Seattle war kein Platz für das neue Flugzeugprogramm, die bestehenden Werke waren mit der Produktion der 707 und der 727 sowie der gerade anlaufenden Produktion der 737 voll ausgelastet. Für die Fertigung ließ Boeing deshalb in Everett, 50 km nördlich von Seattle, eine völlig neue Werksanlage errichten. Im Juni 1966, drei Monate nach dem Programmstart, kaufte das Unternehmen ein über drei Millionen Quadratmeter großes Gelände neben dem Paine Field, einem regionalen Flugplatz mit einer 2900 Meter langen Piste. Innerhalb einer Rekordzeit von elf Monaten – zwischen August 1966 und Juli 1967 – wurde quasi in der Wildnis das größte industrielle Gebäude der Welt aus dem Boden gestampft. Beim Errichten der gesamten Anlage wurden 34 000 Tonnen Stahl verbaut, die über eine eigens verlegte Eisenbahnstrecke herantransportiert wurden. Mit einer Steigung von 5,6 Prozent ist diese Strecke übrigens die zweitsteilste Bahntrasse

der USA. Der große Eingriff in das Gelände machte es notwendig, ein Regenwasser-Auffangbecken zu bauen, um Erdrutsche und Bodenerosionen rund um das Gelände vorzubeugen. Da besonders der Nordwesten der USA mit Regen reichlich gesegnet ist, sprengte auch das Auffangbecken den Rahmen des üblichen: Es faßt 60 Millionen Liter Wasser, die so kontrolliert ins Meer abfließen.

Die Halle, in der die Boeing 747 gebaut werden, paßt zum Flugzeug, sie ist in ihren Dimensionen außergewöhnlich. Im Januar 1967 begannen die ersten Arbeiten in der gigantischen Halle, die damals 5,6 Millionen Kubikmeter Rauminhalt hatte. Die Tunnel unter dem Hallenboden, in denen die Versorgungsleitungen entlanglaufen, sind so geräumig und weitläufig, daß sie heutzutage von den Boeing-Arbeitern und Angestellten zum Joggen benutzt werden. Allein die Hangartüren der Endmontagehalle sind 26,5 Meter hoch und 91 Meter lang. Das entspricht ungefähr der Fläche eines Footballfeldes, und 1967 gab es gleich drei davon. 1980 wurde das Gebäude noch einmal vergößert, um die Endmontage der zweistrahligen Boeing 767 aufzunehmen und ab 1994 wird in einer nochmaligen Erweiterung der Halle die neue Supertwin, die Boeing 777 gefertigt. Neben der Endmontagehalle wurden weitere Einrichtungen wie eine Halle für den Zusammenbau von Unterbaugruppen, Lackierhalle, Flugzeugparkplätze für Betankungstests, Einfluggebäude und natürlich Bürogebäude benötigt, die ebenfalls in Rekordzeit hochgezogen wurden.

Im Mai 1967 begann die Fertigung für Teile der ersten 747 in der Anlage, die zum Teil nicht einmal fertig war. Einige Arbeiter mußten anfangs sogar Helme tragen, weil über ihren Köpfen noch an der Halle gearbeitet wurde.

Wer jemals in den Nordwesten der USA, nach Seattle oder Everett kommt, sollte nicht versäumen, zur 747-Endmontagehalle zu fahren, die man problemlos besichtigen kann. Eintrittskarten in Form

In Rekordbauzeit entstanden ab 1966 in Everett, nördlich von Seattle, die Hallen für die Endmontage der 747.

Das Boeing-Werk in Everett aus der Vogelperspektive, zirca 1979.

eines »Tour Pass« holt man sich im Boeing Tour Center Everett, das direkt am Paine Field liegt und bereits auf dem Highway ausgeschildert ist. Die Besichtigungen der Hallen und des Vorfelds dauern inklusive eines kurzen Films über die Geschichte des Unternehmens rund 90 Minuten und sind kostenlos. Kinder unter zehn Jahren dürfen allerdings nicht mit auf die Tour.

Vor der Tour wird der erwähnte Film gezeigt, der die Geschichte der Firma Boeing und die des Jumbo Jets zeigt. In dem Streifen wird die normalerweise 46 Tage dauernde Endmontage einer 747-400 auf ganze vier Minuten gerafft. Welch ein Unterschied zur ersten 747.

1968 begann der Zusam-
menbau des 747-Proto-
typs RA001 in der Final
Assembly Hall in Everett,
dem größten industriellen
Gebäude der Welt.

Größe ist relativ

Ab September 1967 begann der Materialfluß in Richtung Everett, was mit einem erheblichen logistischen Aufwand verbunden war und auch heute noch ist. Das 747-Ingenieurs-Mock-up im Maßstab 1:1, mit dem die Konstruktionszeichnungen überprüft worden waren und der Produktionsaufwand determiniert wurde, erhielt am 12. Januar 1968 die endgültige Freigabe. Damit waren die meisten Konstruktionsmerkmale eingefroren, jetzt konnte man sich mit den Details der Kabinenausstattung und des Systemeinbaus für die Flugerprobung beschäftigen.

Aus Wichita in Kansas kam die vordere Rumpfsektion, Northrop aus Kalifornien lieferte die Rumpfschalen für das Rumpfmittelstück per Eisenbahntransport, aus Dallas, Texas, kamen die Heckteile, die LTV herstellte. Zuerst wurde das Rumpfmittelstück (Sektion 44) mit den Tragflächen verbunden,

Die vordere Sektion der ersten 747 wird an das Rumpfmittelstück angesetzt. Im Nasenkasten der Tragfläche ist ein Teil der Leitungen zu erkennen.

Beim Rollout am 30. September 1968 trug der erste Jumbo Jet die Logos aller Fluggesellschaften, die sich bis dahin mit 747-Bestellungen ins Auftragsbuch eingetragen hatten.

48 Tage vor dem Rollout wurde diese Aufnahme gemacht, auf der die Rumpfschalen und die Beplankung des Leitwerks noch nicht mit Farbe bedeckt sind.

die im Boeing-Werk in Auburn, südlich von Seattle gefertigt wurden und per Spezialtransporter nach Everett verfrachtet wurden. Dann folgten die hintere Rumpfsektion (Sektion 46) sowie die vorderen Sektionen 42 und 41. Mit der Montage von Rumpfheck und Leitwerk nahm das Flugzeug seine Form an. Am 21. Juni 1968 war ein weiterer Meilenstein der Endmontage abgehakt: Der Rumpf war komplett montiert, run folgte der Systemeinbau und die Lackierung des Super-Jets.

Das weltweit vielbeachtete Rollout der ersten 747

war am 30. September 1968, einen Tag vor dem Termin, der im Zeitplan 29 Monate vorher anvisiert worden war. Die weiß-rot lackierte 747 wurde von einem eigens entwickelten Flugzeugschlepper aus der Halle gezogen und von einer großen Menschenmenge mit Staunen begrüßt. 26 Stewardessen tauften das Flugzeug mit Champagner. Jede Stewardess repräsentierte je eine Luftfahrtgesellschaft, die bis zu diesem Tag die 747 geordert hatte und die mit ihrem Logo am Rumpf vertreten waren. Angesichts der schieren Größe des neuen Vogels nannten ihn einige Journalisten »Jumbo Jet«. Der Name paßte hervorragend und blieb der 747, dem größten zivilen Verkehrsflugzeug der Welt, auch in Zukunft vorbehalten.

Bis Januar 1969 waren alle Hauptsysteme des Jumbo Jets im Zusammenspiel auf ihre Funktionsfähigkeit geprüft, die Betankungsversuche hatten keine Leckagen ergeben und die Kompaßkalibrierung war abgeschlossen. Die Triebwerke wurden angelassen und am Boden getestet. Die Piloten hatten in Low Speed und High Speed Taxi Tests das Handling der neuen Maschine erkundet und ein erstes Gefühl für die Steuerung des Riesenvogels bekommen. Nun konnte es losgehen. Anfang Februar 1969, an einem Sonntag, war es soweit, daß sich das Flugzeug in die Luft erhob. Der Erstflug war bewußt auf einen Wochenendtag gelegt worden, damit ihn soviel Arbeiter und Angestellte des 747-Teams wie möglich miterleben konnten. Das Schmuddelwetter des amerikanischen Nordwestens hätte den Jungfernflug an diesem Tag beinahe noch verhindert, an beiden Seiten der Runway lagen am 9. Februar noch abgeschmolzene Schneereste, die Räumfahrzeuge dort aufgehäuft hatten.

Ursprünglich hatte Boeing den Erstflug des neuen Musters auf einen Tag mit einem historischen Datum legen wollen. Doch der Termin am 17. Dezember 1968, der ausersehen war, weil 65 Jahre zuvor die Brüder Wright den ersten Motorflug der Menschheitsgeschichte durchgeführt hatten, konnte Boeing nicht halten (Auf den Streit, ob nun die Wrights, Karl Jatho, Clément Ader oder Gustav Whitehead den ersten motorisierten Luftsprung schafften, soll hier nicht eingegangen werden, da er nicht abschließend geklärt werden kann).

In der Märzausgabe 1969 von Boeings Hauszeitschrift, dem Boeing Magazine, wurde der Tag des Erstflugs beschrieben: »Es war der 9. Februar und das Wetter war nicht besonders gut. Kurz nach 11

Uhr riß der bewölkte Himmel auf und die Wolkenuntergrenze stieg. Drei Mann waren im Cockpit der 747. Es waren Boeing-Cheftestpilot Jack Wadell, Copilot Brien Wygle und der Flugingenieur Jess Wallick. Einer von ihnen meinte, es wäre schön, wenn weniger Menschen auf der Startbahn herumliefen, denn große Massen an Journalisten und Fotografen, Mitglieder der Geschäftsführung und Angestellte waren anwesend, um den Jungfernflug des größten Verkehrsflugzeugs der Welt zu sehen. „Es ist wie das Fliegen in Afrika", bemerkte ein anderes Crewmitglied, „vor dem Start mußt du die wilden Tiere von der Bahn jagen."

Die Leute verließen die Startbahn und Jack Wadell schob die vier Schubhebel nach vorne. Copilot Brien Wygle rief die Geschwindigkeiten aus, als der Gigant der Lüfte Fahrt aufnahm. Die Augen von Flugingenieur Jess Wallick klebten förmlich an den Anzeigen. Der Boeing 747-Superjet gewann an

Die Crew des 747-Jungfernflugs bestand aus Flugingenieur Jess Wallick (links), Pilot Jack Waddell (Mitte) und Copilot Brien Wygle.

Am 9. Februar 1969 hob der riesige Großraumjet zum verspäteten und vielbeachteten Erstflug ab.

Das Erprobungs- und Zulassungsprogramm der 747 war zu seiner Zeit das längste und aufwendigste in der Geschichte der Zivilluftfahrt.

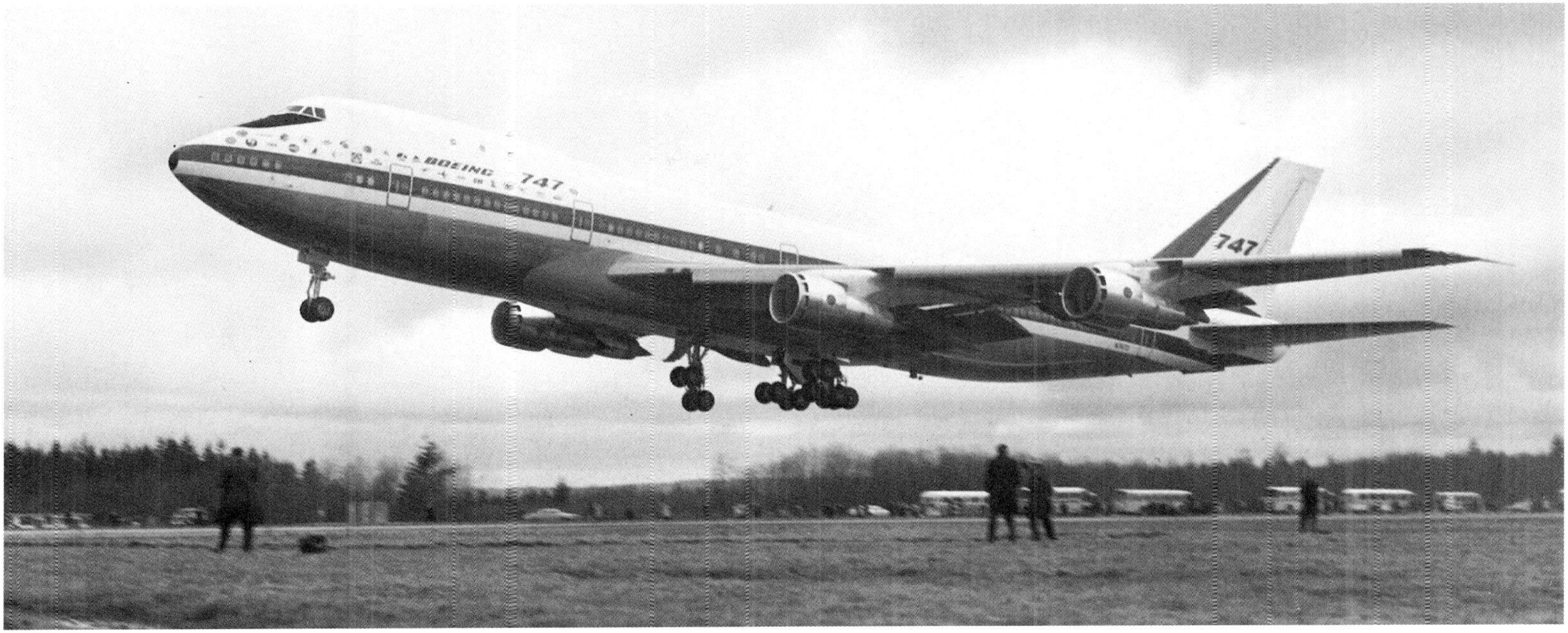
BOEING 747
747

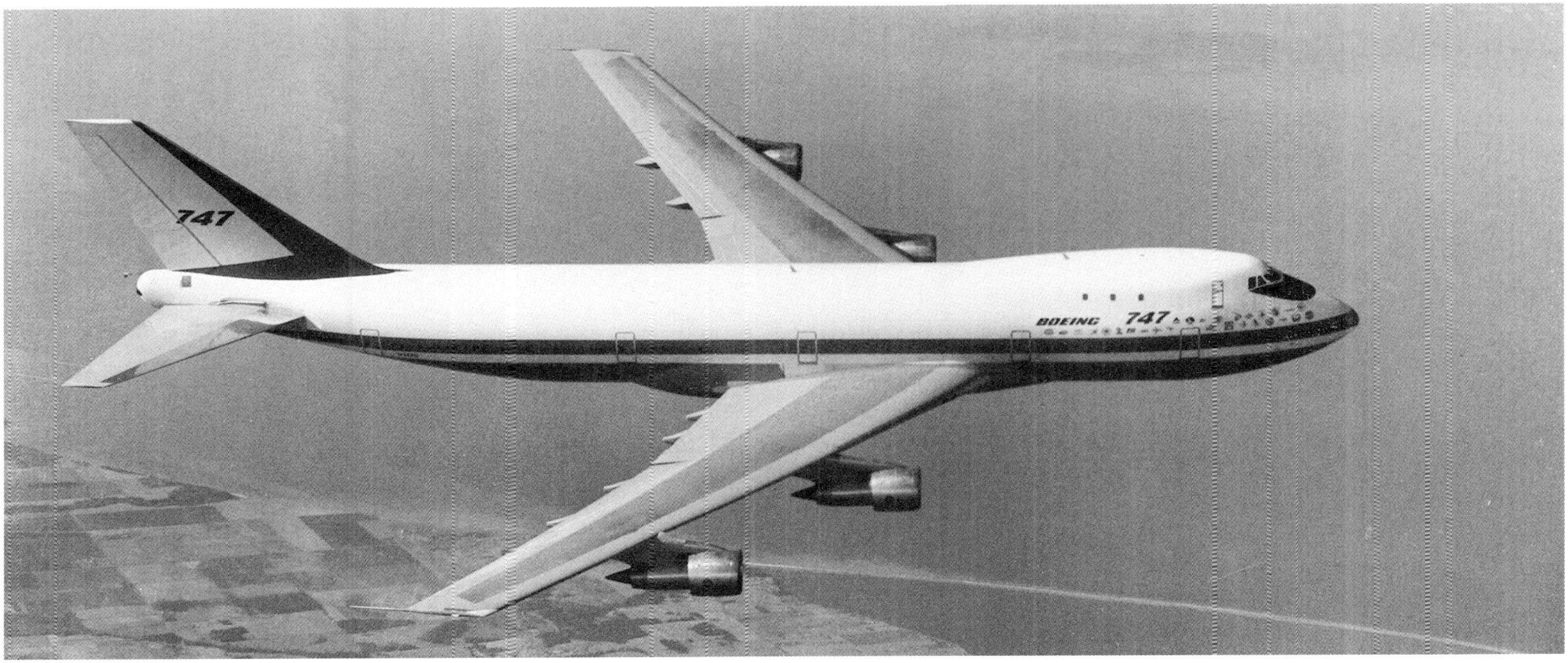
747
BOEING 747

Geschwindigkeit, die Nase erhob sich. Nach 4300 Fuß (1310 m), weniger als der Hälfte der Startbahnlänge vom Paine Field, verließ auch das Hauptfahrwerk den Beton. Die Abhebegeschwindigkeit betrug 164 mph (142 Knoten). Um 11.34 Uhr hatte leise und fast gelassen das Zeitalter des Großraumflugzeuges begonnen. Waddell beschleunigte das Flugzeug und stieg auf 2000 Fuß. Dann flog er zurück über den Flugplatz und stieg auf die vorgesehene Testhöhe von 15 500 Fuß.«

Der Jungfernflug sollte eigentlich zwei Stunden und 30 Minuten dauern, doch schon nach einer Stunde und 16 Minuten landete der Gigant wieder auf dem Paine Field. Waddell hatte sich wegen Vibrationen der inneren Landeklappengruppe entschlossen, früher als vorgesehen zu landen. Die Klappen wurde nach der Landung innerhalb weniger Stunden nachjustiert und machten bei der weiteren Erprobung keine Sorgen mehr. Bei der Landung benutzte die Crew die Schubumkehr, um die Maschine abzubremsen und rollte zu ihrer Abstellposition, erwartet von einem großen Empfangskomitee, das mit Applaus und Gratulationen nicht sparte, als die Besatzung die Maschine durch die vordere Passagiertür verließ. Waddell beschrieb die 747 nach dem Erstflug als den »Traum eines jeden Piloten«. Sie sei geradzu lächerlich einfach zu fliegen und lande buchstäblich von alleine. Er habe sich immer wieder einreden müssen, das Steuerhorn in Ruhe zu lassen. Die Stabilität in Turbulenzen sei fantastisch und die 747 spreche auf die leiseste Bewegung der Steuerung an. Man vergesse die Größe des Vogels völlig.

Als Chase-Plane bei diesem historischen Flug – der sieben Wochen später als vorgesehen stattfand – fungierte die Boeing-eigene Canadair Sabre Mk.5, die heute ihre endgültige Parkposition im Museum of Flight in Everett eigenommen hat. Der Pilot der Begleitmaschine hatte die Aufgabe, die 747 während des Fluges zu beobachten. Die Sabre wich auch bei den darauffolgenden Flügen nicht von der Seite der 747. Augenzeugen des Erstfluges sagten, die Sabre habe ausgesehen wie ein Floh, der auf den Rücken der 747 springen wolle.

Nun begann der harte Testalltag für das Boeing-Team. Ins 28 Millionen Dollar teure Flugerprobungsprogramm waren die ersten fünf Maschinen eingebunden. Der Umfang der Erprobung war doppelt so groß wie bei der Zulassung der 727 und bedeutete das größte zivile Flugtestprogramm, das bis zu diesem Zeitpunkt gefahren worden war. Flugzeug Nummer zwei folgte am 5. März 1969, also knapp vier Wochen nach dem Erstflug des 747-Prototyps. Das Flugzeug war bereits in den Farben von Pan Am lackiert und trug die Registrierung N747PA. Mit dem 747-Prototyp wurden die aerodynamische Auslegung und die Flugstabilität getestet. Außerdem wurde das Flugzeug zu strukturellen Prüfungen herangezogen. Die N747PA diente dazu, die elektromechanischen und die Treibstoffsysteme zu testen. Die dritte Maschine – wieder ein Exemplar für Pan Am – wurde für Nachweisflüge bei verschiedenen Gewichten und Gewichtsverteilungen benötigt. Sie trug die Boeing-Werknummer 19638 und das Kennzeichen N732PA. Pan Am taufte sie auf den Namen »Clipper Storm King«, unter anderem auch deshalb, weil sie für Böenmessungen eingesetzt wurde und zu diesem Zweck während der Erprobung einen 9,76 Meter langen Sondenträger aus Aluminium auf der Nase trug. Boeing 747 Nummer vier (N731PA) mußte bei Streckenflügen die Zuverläsigkeit aller Systeme unter Beweis stellen. Mit der fünften Maschine (Kennzeichen: N93101), die im Juli 1969 zur Erprobungsflotte stieß, wurden ergänzende aerodynamische Tests durchgeführt. Dieses Flugzeug war die erste 747 für Trans World Airlines und trug bereits die TWA-Lackierung. Alle fünf Flugzeuge waren mit Antrieben des Typs Pratt & Whitney JT9D ausgerüstet.

Auf diesem Bild sind alle fünf Maschinen der Erprobungsflotte versammelt. Der Pan Am-Jumbo im Vordergrund war die dritte 747 und hatte einen Sensorträger zur Böenmessung installiert.

Das Testinstrumentarium an Bord des Prototypen brachte ein Gewicht von über 27 Tonnen auf die Waage und war in der Lage, bis zu 1600 Parameter gleichzeitig aufzuzeichnen. Zehn Prozent der Daten wurden zusätzlich direkt zum Boden gefunkt. Außen angebrachte Kameras erlaubten den Testingenieuren an Bord, auch die Partien des Flugzeugs zu beobachten, die man normalerweise im Flug nicht sehen kann. Zur Simulation verschiedener Schwerpunktlagen hatte ein Teil der Testflotte Was-

serballasttanks an Bord, deren Inhalt hin- und hergepumpt werden konnte. Besonders spektakulär waren die Tests zur Feststellung der minimalen Abhebegeschwindigkeit (Vmu: Velocity Minimum Unstick). Dabei rauschte die getestete 747 mit verschiedenen Anstellwinkeln und bei zunehmenden Geschwindigkeiten die Landebahn entlang. Bei besonders hohen Anstellwinkeln berührte das Heck den Beton, eine zum Schutz der Zelle angebrachte, drei Meter lange Planke aus Ahornholz überlebte den Test nicht, sie wurde teilweise auf dem Beton der Startbahn abgerieben, teilweise verschmorte sie.

Für die Flattertests, bei denen die Fähigkeit der Flugzeugstruktur überprüft wird, Schwingungen aufzufangen und zu kompensieren, wurden auf den Tragflächenspitzen Shaker installiert, die künstliche Schwingungen erzeugten. Nach dem Abstellen der Shaker wurde die Zeit gemessen, die die Struktur benötigte, um wieder vibrationsfrei zu fliegen.

Die 747 der Flugerprobungsflotte wurden über zehn Monate intensiven Tests unterzogen und mußten bei 1013 Flügen mit zusammen insgesamt 1449 Flugstunden Tausende von Nachweisen erbringen, bevor die amerikanische Zulassungsbehörde FAA ihren behördlichen Segen für den Passagiertransport gab. Im Rahmen der Erprobung flogen die 747 mit Geschwindigkeiten von bis zu Mach 0.991, also sehr nahe an der Schallgeschwindigkeit, und in Höhen bis zu 45 000 Fuß. Am 3. Juni 1969 war die vierte Maschine (N731PA) sogar über den Atlantik zum Salon de l'Aéronautique et de l'Espace nach Paris geflogen, um das Flugzeug dem erstaunten europäischen Publikum vorzustellen.

Das höchste Startgewicht während der Erprobung betrug 325 684 kg, das höchste Landegewicht 319 788 kg. 539 Flugstunden waren ausschließlich für die Zulassungsnachweise zu bewältigen. Zusätzlich wurden mit einer sechsten und siebten Zelle in strukturellen und statischen Tests die Nachweise erbracht, die eine Lebensdauer der Flugzeugstruktur von mindestens 20 000 Flügen und 60 000 Flugbetriebsstunden garantierten. Dies entsprach aus damaliger Sicht mehr als 15 Jahren Airline-Einsatz. Dazu wurde einer der Testrümpfe in einem Zeitraum von zwei Jahren den verschiedenen Drücken ausgesetzt, die den Belastungen beim normalen Flugbetrieb im Airlinedienst entsprachen. Der

Bei den Tests zur Ermittlung der minimalen Abhebegeschwindigkeit (Vmu) berührte das Flugzeugheck die Startbahn.

Zum Schutz der Zelle bei den Vmu-Tests in Moses Lake war eine Planke aus Ahornholz unter dem Heck angebracht.

24

Das große Raumangebot in der 747 erlaubte während der Flugerprobung die Mitnahme eines großen Testinstrumentariums sowie der dazugehörigen Ingenieursmannschaft.

andere Rumpf wurde solange malträtiert und Belastungen ausgesetzt, die im normalen Flugbetrieb niemals auftreten, bis er nachgab und Risse zeigte. Zusätzlich brachten die Prüfer Beschädigungen an und beobachteten deren Ausbreitung. Ein Tragflächenpaar wurde bei Strukturtests bis zum Bruch beansprucht. Dazu mußte die Tragflächenspitze um fast neun Meter nach oben gebogen werden, bevor sie sich mit einem lauten Knall verabschiedete. Nun wußten die Ingenieure genau, wann und vor allem wo die Struktur einer 747 überbeansprucht sein würde.

Am vorletzten Tag des Jahres 1969 wurde Boeing das Zulassungsdokument übergeben. Das »Approved Type Certificate« hatte die Nummer A20WE. Zu diesem Zeitpunkt war die Zahl der 747-Bestellungen in den Boeing-Auftragsbüchern auf 186 geklettert. 28 Airlines hatten das Flugzeug geordert, es war auf dem besten Weg, den Erfolg der Boeing Company, den diese mit berühmten Flugzeugen wie der B-17 oder der 707 hatte, fortzuschreiben. Nicht alles lief so glatt, wie es das 747-Team erhofft hatte. Ein großes Problem, das noch vor den Auslieferungen an den Erstkunden Pan American ent-

deckt wurde, war das sogenannte »Ovalizing« der neuentwickelten JT9D-Turbofans. Die vier Triebwerke waren in den Triebwerkspylonen unter den Tragflächen an je einem Befestigungspunkt vorn und hinten aufgehängt. Dadurch ergab sich bei hohen Schubleistungen – die Boeing immer wieder auch wegen des erhöhten Designgewichtes der 747 gefordert hatte – ein Biegemoment, das die Motorengehäuse ihre ursprünglich runde Form verlieren ließ. Das Gehäuse nahm eine leicht ovale Form an. Obwohl diese Formveränderung von au-

ßen nicht zu sehen war – sie betrug nur wenige Millimeter – führte sie doch dazu, daß die Triebwerke mehr Kerosin verbrauchten als vorausberechnet. Einige Blätter des Verdichters und der Turbine schabten sogar am Gehäuse, was den Wirkungsgrad der Antriebe herabsetzte. Das Problem war schnell erkannt, die Lösung hingegen war nicht leicht zu finden. Pratt & Whitney versuchte mehrere Lösungsansätze, unter anderem eine Versteifung des Hochdruckturbinengehäuses.
Die Produktion der 747 lief indes hoch. Das Flug-

Probleme mit der Triebwerksaufhängung zwangen Boeing dazu, die ersten Serienmaschinen ohne Antriebe zu parken, bis eine Lösung gefunden war.

Mit der 747 war die Boeing Jet-Familie vollständig. Unten steht die 737, darüber die dreistrahlige 727, die vierstrahlige 707 und der Jumbo Jet, die 747.

erprobungsprogramm war noch nicht abgeschlossen, die Musterzulassung lag noch nicht vor. Ein historisches Foto vom Oktober 1969 zeigt nicht weniger als 22 nagelneue Jumbo Jets auf dem vollgeparkten Vorfeld in Everett. Nur unter den Tragflächen der fünf am Flugtestprogramm beteiligten Maschinen hingen Triebwerke. An den anderen 17 Flugzeugen hingegen gähnten leere Pylone. Mitte Oktober hatte Pratt & Whitney das Problem gelöst: Aufhängungen in Form eines umgekehrten Y ersetzten die beiden einfachen Triebwerksbefestigungen. Die auftretenden Kräfte wurden so besser aufgenommen, das Triebwerksgehäuse blieb rund.

Die Änderung mußte so schnell wie möglich in die Produktion integriert werden, da jeder Tag, an dem die Maschinen antriebslos auf dem Vorfeld in Everett herumstanden, fürchterlich viel Geld kostete, ohne daß Geld in die Kassen floß. Außerdem wollten die Fluggesellschaften mit der Umschulung von ihren Crews beginnen. Mit den Kunden einigte man sich darauf, daß die ersten 30 Flugzeuge unmodifiziert ausgeliefert würden und, sobald Umrüstsätze vorhanden waren, modifiziert würden. Ab der 747 Nummer 30 wurde die neue Triebwerksaufhängung gleich integriert. Boeing und Pratt & Whitney gingen mit Schadenersatzforderungen juristisch gegeneinander vor, nur um sich schließlich außergerichtlich zu einigen, man war schließlich aufeinander angewiesen und wollte auch in Zukunft zusammenarbeiten.

Am 12. und am 19. Dezember hatte Pan Am bereits ihre ersten beiden Flugzeuge erhalten, um auf ihnen Besatzungen zu trainieren. Es waren dies die 747 Nummer sechs und sieben der Produktion. Die amerikanische Luftfahrtbehörde FAA hatte dafür extra eine vorläufige Zulassung erteilt. Passagiere durften aber erst nach Erteilung des Approved Type Certificates damit befördert werden.

Trans World Airlines (TWA) übernahm am 30. Dezember ihre erste 747 und beide Airlines beeilten sich, mit den Maschinen den Passagierdienst aufzunehmen. Doch die Premiere mit dem neuen Großraumflugzeug bei Pan Am mißlang gründlich. Der erste Flug mit zahlenden Fluggästen war auf den 21. Januar 1970 angesetzt. Pan Am wollte auf der Nordatlantikroute von New York nach London fliegen. Die Passagiere bestiegen die Maschine und hatten es sich an Bord bequem gemacht, nur um zu erfahren, daß der Flug wegen Triebwerksproblemen um einen Tag verschoben werden mußte. Doch am nächsten Tag zeigte sich wieder eines der Triebwerke unwillig. Antrieb Nummer vier sprang zwar an, doch überhitzte er dieses Mal, noch bevor das Flugzeug die Runway erreicht hatte. Glücklicherweise war Pan Am vorbereitet und hatte eine Ersatzmaschine bereitgehalten, die zum Premierenflug nach London startete. In der englischen Hauptstadt landete der Flug mit sechs Stunden Verspätung. Die Kinderkrankheiten wurden überwunden und die Dispatch Reliability, also die technisch bedingte Abflug-Zuverlässigkeit des Flugzeuges nahm ständig zu.

Knapp sechs Monate später, am 16. Juli 1970, waren schon eine Million Menschen mit 747 befördert worden, zwanzig Jahre später, Ende 1991 waren es über 1,2 Milliarden, und diese Zahl steigt stündlich. Im September 1972 überschritt die 747-Flotte die magische Grenze von einer Million Flugstunden.

Die ersten 747 hatten ein Höchststartgewicht von 322 050 Kilogramm und ließen eine Beladung mit bis zu 490 Passagieren zu. In einer typischen Zweiklassenauslegung faßten die ersten 747 jedoch nur 374 Personen. Das Oberdeck hinter dem Cockpit war dabei meist als Lounge für die Reisenden der First Class ausgelegt, mit anfänglich acht Plätzen. Diese Zahl wurde schnell verdoppelt und ab 1975 erlaubte die amerikanische Luftfahrtbehörde Federal Aviation Agency (heute: Federal Aviation Administration) den Transport von bis zu 32 Fluggästen auf dem Oberdeck.

Pan American World Airways war sowohl für die Boeing 707 (rechts) als auch für die Boeing 747 Launch Customer.

Eine, verbesserte Version der 747-100, 747-100B genannt, wurde 1977 angekündigt, was insofern leicht verwirrend ist, als zu diesem Zeitpunkt bereits die 747-200B auf dem Markt war. Mit dem Erscheinen der 747-100B verschwand die 747-100 aus der Angebotspalette Boeings, nachdem 167 Exemplare von ihr aus der Endmontagehalle in Everett gerollt waren. Die 747-100B wurde mit einer Vielzahl von Triebwerksmustern angeboten. Neben dem Basisantrieb PW JT9D-7A mit 46 950 lbs (208,8 kN) Startschub standen mehrere weitere

JT9D-Versionen bis zum JT9D-7J mit 52 500 lbs (233,5 kN) und General Electrics CF6-45 und -50 sowie das Rolls-Royce RB211-524B zur Auswahl. Von der -100B wurden auch lediglich zehn Maschinen hergestellt, fünf davon gingen an Japan Airlines, vier an Saudi Arabian Airlines und eine an die Iran Air, die 1978 Erstbesteller für diese 747-Version war. Drei zusätzliche Bestellungen von der Iran Air lagen vor (Boeing-Werknummern 21760, 21761 und 21762), wurden aber annulliert, bevor mit dem Bau der Flugzeuge angefangen werden konnte.

Der Jumbo setzt Komfort-Maßstäbe

Reisen erster Klasse

Die Deutsche Lufthansa war die erste europäische Luftverkehrsgesellschaft, die die Boeing 747 erhielt. Am 9. März 1970 übernahm sie ihr erstes Exemplar beim Hersteller in Everett, um es am 26. April 1970 auf der Nordatlantikroute zwischen Frankfurt/Main, New York und Chicago in Dienst zu stellen. Vorher wurde das Flugzeug auf den verschiedenen Flughäfen in Deutschland präsentiert und bewundert. Besonders überschwenglich war der Empfang am Ostermontag, den 30. März 1970 in Hamburg, als sogar die Tageszeitungen die Landung des ersten LH-Jumbos als Aufmacher benutzten. In der Broschüre »Die Geschichte der Lufthansa 1926 – 1984« steht, daß die Straßen zum Flughafen an diesem regnerischen und kalten Tag verstopft waren und Massen von Zuschauern die aufgestellten Polizeibarrieren durchbrachen, um den neuen Vogel zu sehen.

Zur ersten Lufthansa-747 mit dem Kennzeichen D-ABYA und dem Namen »Nordrhein-Westfalen« gesellten sich innerhalb von nur zwei Monaten zwei weitere Maschinen des Typs Boeing 747-130. Es waren dies die D-ABYB »Hessen« (Übernahmedatum 13. April 1970) und die D-ABYC »Bayern« (Übernahmedatum 23. Mai 1970). Die Kranich-Airline warb für die 747 mit der Ankündigung, die Fluggastkabine werde dem Passagier ein ganz neues Raumgefühl vermitteln. Bei einer Kabinen-

breite von 6,13 Metern und einer Höhe von 2,54 Metern stimmte das sehr wohl. Das Gefühl, in einer fliegenden Rumpfröhre zu sitzen, kam den Fluggästen nicht sogleich, denn die Verkleidungen der Seitenwände in der 747 sind fast senkrecht und die Deckenverkleidung ist bis auf die Gepäckablagefächer waagrecht. Zudem ist es möglich, sich während des Fluges auf den Gängen ein wenig die Beine zu vertreten.

Der Rumpf der 747 hat eine Länge von 68,38 m. Abzüglich des Platzes für die Hilfsgasturbine und die Leitwerksbefestigung im Heck hinter dem Druckspant und dem Raum für die Wetterradarantenne im Bug bleiben auf dem Hauptdeck genau 56,39 Meter für Passagiersitze, Toiletten und Küchen übrig. Da bei der Einführung der 747 die Business Class mit ihrem Service-Standard zwischen der First und der Economy noch nicht erfunden war, gab es nur zwei Klassen an Bord: Die First und die Economy. Die Passagiere der Ersten Klasse reisten vorne, in dem sich verjüngenden Bug und unter, beziehungsweise vor dem Cockpit. Die vorderen Fenster ermöglichten den Passagieren erstmalig im Flug einen Blick nach schräg vorn und waren besonders stabil konstruiert, um gegen eventuellen Vogelschlag gerüstet zu sein. Die ersten Lufthansa-Jumbos hatten in der First Class 16 Doppelsitze, also 32 Plätze und 365 Sitze in der Economy-Klasse. Eine Bar, von der die First Class-

Die D-ABYA war die erste 747 für die Deutsche Lufthansa. Auf dem Bild ist sie noch mit der amerikanischen Übergangsregistrierung N1800B zu sehen.

Passagiere auf Zuruf bedient wurden, gehörte damals zum normalen Servicestandard. Andere Fluglinien hatten unterschiedliche Kabinenbelegungen, die Boeing 747 des französischen Nationalcarriers Air France flogen bei ihrer Einführung mit 36 Sitzen in der First und 324 Sitzen in der Economy-Klasse.

Für die Erster Klasse reisenden Fluggäste boten die Fluggesellschaften bei der 747 einen besonderen Service. Sie konnten sich für ein Pläuschchen oder eine geschäftliche Besprechung während des Fluges in die von Boeing als »Stateroom« betitelte Lounge im Oberdeck zurückziehen. Dort waren bei vielen 747-Betreibern acht bequeme Sessel und

eine Bar installiert. Eine Wendeltreppe führte von der First in die Lounge.

Die Einrichtung der Lounge soll auf den damaligen Pan Am-Chef Juan Trippe zurückgehen, der bei einem seiner Besuche in Seattle in den 747-Zeichnungen den unbenutzten Platz hinter dem Cockpit entdeckte. Ihm wurde erzählt, daß man plane, dort vielleicht einen Ruheraum für die Besatzung unterzubringen. Trippe war damit keineswegs einverstanden und bestand darauf: »In Pan Am-Flugzeugen ist dieser Platz für Passagiere reserviert.«

Doch dieser Luxus überlebte die Jahre nicht und verschwand, als die FAA die Beförderung von mehr als acht Passagieren in der Kabine auf dem Oberdeck

United Airlines – einst selbst zu Boeing gehörend – bekam ihre erste 747 am 30. Juni 1970.

zuließ. Die zehn Fenster im Oberdeck 747-200B anstelle der drei bei der 747-100 zeugen davon.

Die Konfiguration der Kabine mit zwei Gängen legte Boeing nach eingehenden Beratungen mit Fluggesellschaften fest. In der Touristenklasse waren üblicherweise neun Sitze in einer Reihe untergebracht, allerdings hatten sie die etwas ungewöhnliche Anordnung von drei plus vier plus zwei. Heute hat die Economy-Klasse in den meisten 747 eine »Ten Abreast«-Anordnung, also zehn Sitze pro Reihe, die in der Anordnung drei plus vier plus drei stehen, während in den Geschäftsreisenden-Abteilen nunmehr sieben Sitze (zwei plus drei plus zwei) pro Reihe zu finden sind.

Bei der Festlegung der Kabinenaufteilung bevorzugten die Airlines von Beginn an eine Aufteilung des Hauptdecks in fünf Abteile. Das erste Abteil war bei Einführung des Liniendienstes mit der 747 für die Erste Klasse-Passagiere reserviert, die restlichen vier Abteile waren für die Touristenklasse. Seit dem Zeitalter der Business Class sind jedoch die unterschiedlichsten Aufteilungen der Abteilungen an der Tagesordnung. Ein Teil der Airlines hat ihre First Class in der Bugsektion der 747 belassen und die Business Class in das Oberdeck und das darunterliegende Kompartment auf dem Hauptdeck gelegt. Die Reisenden der Touristenklasse sind in einem solchen Fall hinten im Flugzeug

untergebracht. Andere Airlines haben heute ihre First in der 747 mit bequemen Schlafsesseln ausgerüstet und sie auf das Oberdeck verbannt. Die fehlende Kinoleinwand dort ist keine Serviceverringerung da es mittlerweile »In-Seat-Video« gibt, kleine, individuelle Bildschirme, entweder an einem Schwanenhals montiert oder in der Rückenlehne des vorderen Sitzes. In diesem Fall sind die Business Class-Passagiere den First Class Passagieren eine Jumbo-Nasenlänge voraus, denn sie sitzen an vorderster Stelle im Jumbo. Je nach Aufkommen der Business Class-Fluggäste verteilt sie sich heute bei den Airlines nur auf das erste oder die beiden ersten Abteile des Jumbos. Hinten sitzen wie immer die Coach-Klasse-Passagiere.

Pro Abteil gibt es ein Paar Türen, also insgesamt zehn auf dem Hauptdeck. Die Fluggesellschaften verlangten von Boeing, daß die 747 trotz ihrer deutlich höheren Passagierkapazität die gleichen Bodenzeiten wie andere Verkehrsflugzeuge haben sollte, was zur Folge hatte, daß mehr Türen für das Ein- und Aussteigen benötigt wurden. In der Praxis hat sich jedoch gezeigt, daß kein Flughafen die Infrastruktur aufweisen kann, um die Passagiere durch alle fünf Türen auf einer Rumpfseite aussteigen zu lassen, geschweige denn durch alle zehn Ausgänge. Maximal werden drei benutzt, wobei die Fluggastbrücken mit einer automatischen Höhenanpassung ausgerüstet sein mußten, da ein Jumbo beim Be- oder Entladen um bis zu 80 Zenti-

Auch die Alitalia gehörte zu den Fluggesellschaften, die zu einem frühen Zeitpunkt die 747 bestellt hatten. Die I-DEMA wurde am 13. Mai 1970 ausgeliefert.

Mit der Einführung der Großraumflugzeuge bekamen auch die Reisenden in der Economy-Klasse einen neuen Komfortlevel zu spüren.

Das Oberdeck der 747 wurde von vielen Airlines zunächst als Lounge für die First Class-Passagiere benutzt.

34

meter kleiner oder größer wird. Die Anzahl der Türen in der 747 hat aber den Vorteil, daß das Vorbereiten des Passagierraums für den nächsten Flug mit Putzen, Catering und so weiter viel schneller geht, da beispielsweise das eigens für den Jumbo Jet entwickelte Cateringfahrzeug eine eigene Tür benutzen kann. Abgesehen davon ist nur durch die entsprechende Anzahl von Türen und Notausgängen sichergestellt, daß alle Passagiere in einem Notfall in der Lage sind, innerhalb von 90 Sekunden das Flugzeug zu verlassen.

Eine weitere Neuerung wurde bei der Lufthansa und anderen Gesellschaften mit der 747 eingeführt: Zum ersten Mal wurden die Passagiere an Bord des Flugzeuges auf ihren langen Flügen mit Kinofilmen unterhalten. Drei der vier Economy-Abteile sowie das First Class-Kompartment hatten zu diesem Zweck Leinwände, ein Economy-Abteil sowie die Lounge im Oberdeck waren als filmlose Ruheräume vorgesehen.

Für alle am Luftverkehr Beteiligten war die 747 bei ihrer Einführung eine Herausforderung. Allein durch ihre Dimensionen sprengte sie jeden Rahmen. Zum Beispiel an den Flughäfen: Wo bis dato maximal 200 Passagiere pro Flug einchecken wollten, mußten nun doppelt so viele Menschen abgefertigt werden und wollten einen Platz im Wartesaal am Gate haben. Mancher Stationsleiter mag damals einem Herzinfarkt nahe gewesen sein, wenn sein Jumbo nicht pünktlich abgefertigt wurde, beziehungsweise wenn ein Jumbo zu seinem Flughafen umgeleitet wurde.

Die Vertriebs- und Verkaufsorganisationen der Airlines sahen sich ebenfalls vor eine neue Herausforderung gestellt. Denn Flugzeugsitze gehören vertriebsmäßig zu den verderblichsten Waren überhaupt. Jeder Sitz, der bis zum Start nicht besetzt ist, kostet nur Geld und bringt nichts in die Kasse. Bei der Einführung des Jumbos sollte im Vergleich zu bisherigen Düsenlinern wie der Boeing 707 nun

nahezu die doppelte Anzahl von Tickets pro Flug verkauft werden.

Aber nicht kommerziellen Aspekte des Flugzeuges sollen im Vordergrund stehen, sondern die 747 selbst. Und die schaffte es, daß sich kommerziell konkurrierende Fluggesellschaften zusammenschlossen, um ihre Flugzeugflotten gemeinsam zu überholen. Die Investitionen für Wartungsanlagen und Werkzeuge für die Überholung der Großraumflugzeuge – und hier besonders der 747 – schienen Ende der sechziger Jahre zu groß, als daß eine Gesellschaft allein sie hätte tragen können. Auf Anregung der französischen Air France trafen sich verschiedene europäische Airlines, die sich 1968 entschlossen, auf dem Sektor der Flugzeugüberholung

zu kooperieren. Aus den Treffen des sogenannten »Montparnasse Comitee« entstand durch die Unterzeichnung des ATLAS-Protokolls am 14. März 1969 der ATLAS-Verbund, der von Air France, Alitalia, der Lufthansa und SABENA gegründet wurde. 1972 stieß auch die spanische Iberia hinzu. 1969 hatten die vier ATLAS-Gründungsgesellschaften zehn Boeing 747 bestellt und man einigte sich darauf, daß Air France die Zellenüberholung der 747 aller ATLAS-Airlines übernehmen sollte, während andere Gesellschaften andere Arbeiten bekamen. Die Lufthansa durfte beispielsweise alle 747-Triebwerke des ATLAS-Verbundes überholen. Später wurde die Kooperation um weitere Flugzeugtypen wie die DC-10, den Airbus A300 und

747 der Trans World Airlines (TWA) auf dem Rhein-Main-Flughafen.

Die 747-230B »Niedersachsen« der Lufthansa im Wartungsdock in Frankfurt.

Alle Fahrzeuge, die zur Abfertigung zu einem Langstreckenflug notwendig sind, auf einen Blick.

Airbus A310 erweitert. Was sich keine der Gesellschaften so recht vorgestellt hatte, da sie glaubten, daß Überschall-Verkehrsflugzeuge wie die Concorde oder die Boeing 2707 einen Durchbruch erzielen würden: Die Jumbo-Flotte wuchs und wuchs. 1980 betrieben die fünf Airlines bereits über 50 Boeing 747, 1991 waren es über 90 Flugzeuge dieses Musters. Arbeiten an der 747-Zelle im Rahmen des ATLAS-Verbundes führen heute auch Iberia (seit 1982) und die Lufthansa (seit 1992) aus. Die belgische SABENA kümmert sich um die Hilfsgasturbinen (APU) der 747. Air France hat sich allerdings zum größten Überholungsspezialisten für die 747 entwickelt, 1992 wurde in Paris der 250. D-Check, also die 250. Generalüberholung einer 747 von dem französischen Carrier durchgeführt.

Der ATLAS-Verbund ist nicht der einzige Maintenance-Verbund in Europa. Auch die vier Gesellschaften KLM, Swissair, Scandinavian Airlines Systems (SAS) und die französische Union de Transports Aériens (UTA) fanden durch das »Montparnasse Comitee« den Weg zur engen technischen Zusammenarbeit. Bei der KSSU-Grupe (der Name wurde gebildet aus den jeweiligen Anfangsbuchstaben der beteiligten Carrier) ist die KLM Royal Dutch Airlines verantwortlich für die Überholung der über 30 Boeing 747 der vier Airlines. Nebenbei blüht auch das Geschäft mit der Überholung von 747 anderer Airlines, die nicht der KSSU respektive dem ATLAS-Verbund angehören. So hat die KLM beispielsweise noch einmal die gleiche Anzahl von 747 anderer Fluggesellschaften, die nicht der KSSU angehören, unter Vertrag. Auch wenn die Bedeutung der Wartungsverbunde aufgrund der wachsenden Flottengrößen der einzelnen Fluggesellschaften kontinuierlich zurückgeht, stimmen alle Beteiligten darin überein, daß die Experimente ATLAS und KSSU einen sehr erfolgreichen Ausgang genommen haben.

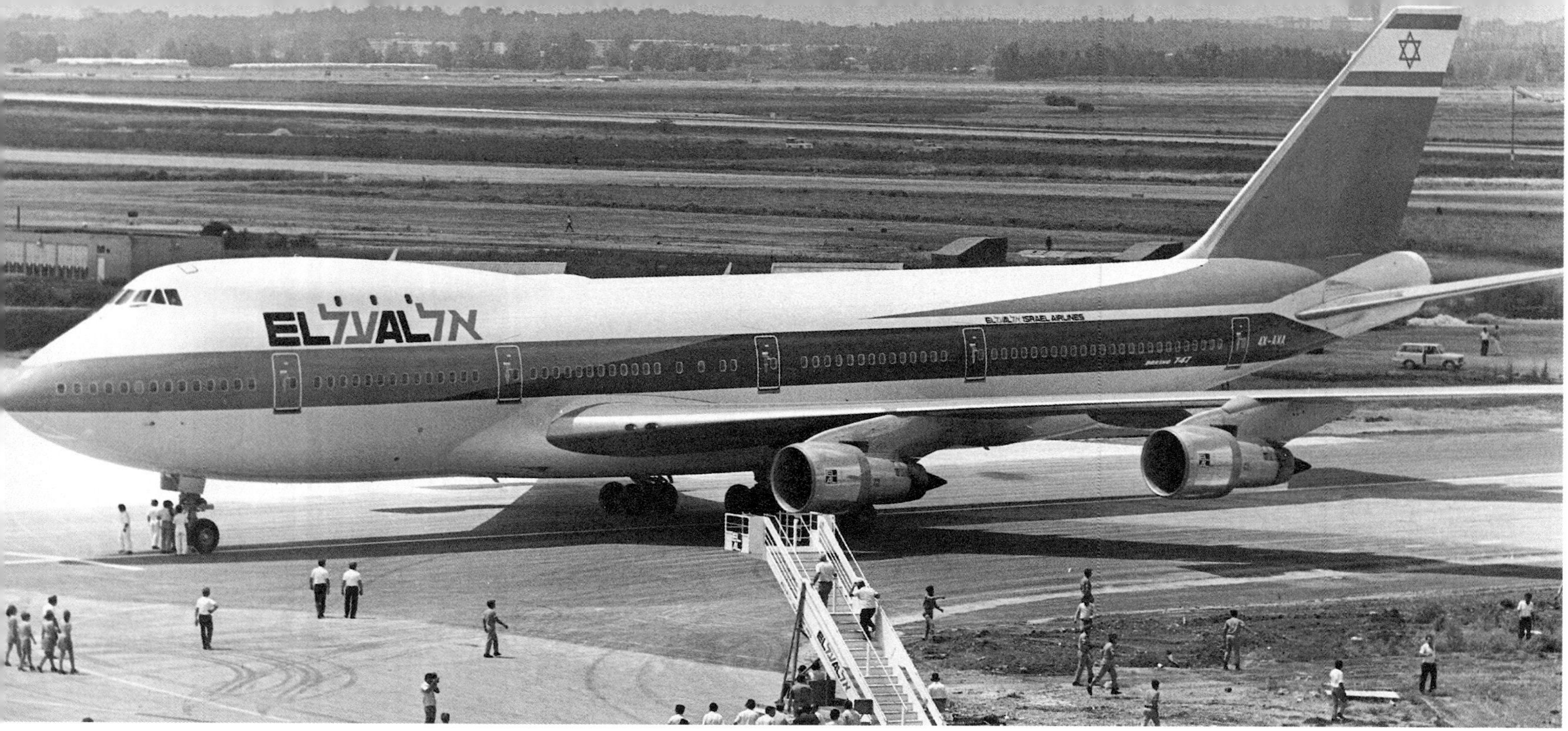
EL AL

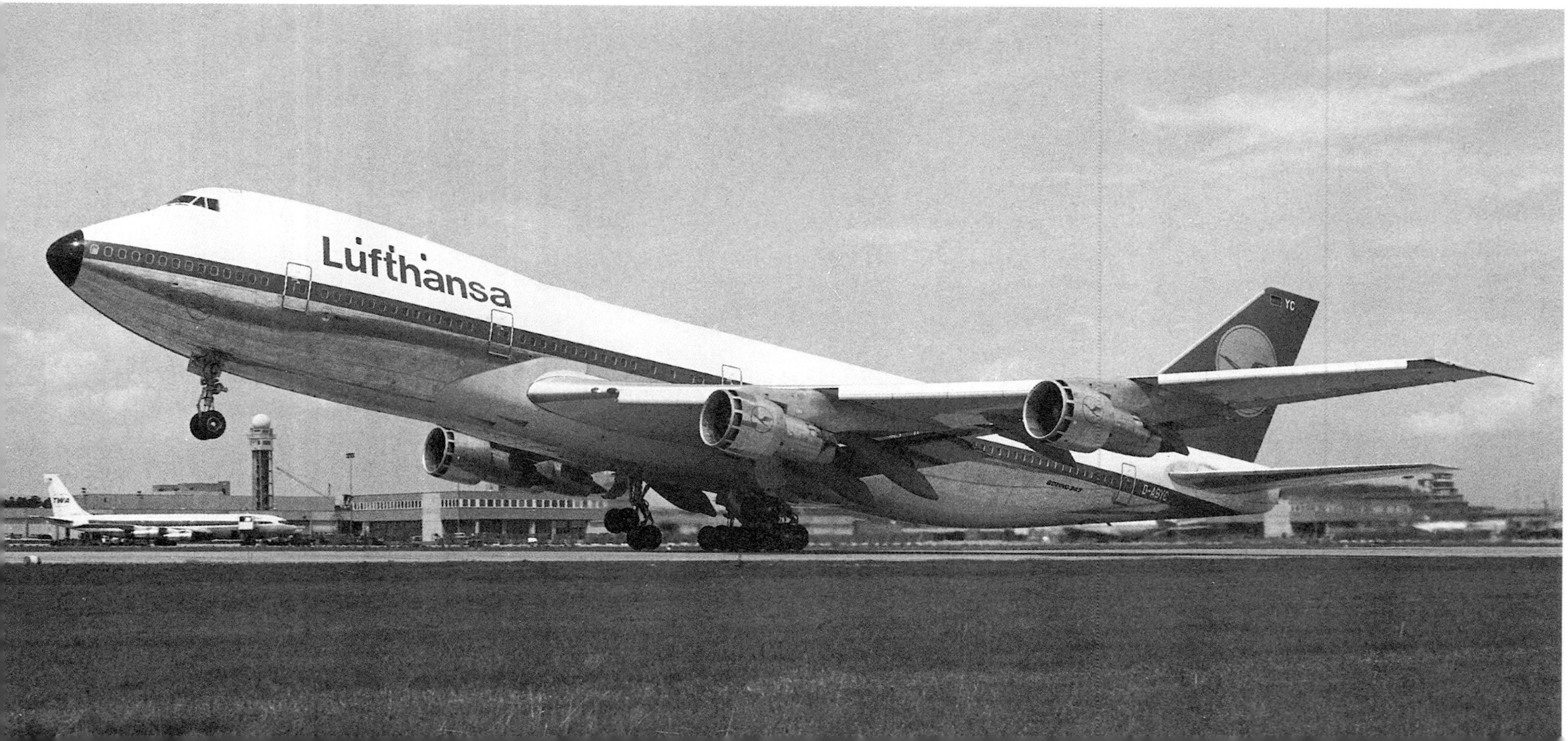
Lufthansa

Zahlenspiele

Die Bezeichnungen von Boeings düsengetriebenen Zivilflugzeugen sind nicht so verwirrend, wie es auf den ersten Blick scheint. Neben den ersten drei Zahlen (zum Beispiel 707, 727, 737, 747), die das Grundmuster bezeichnen und immer mit einer sieben als erster Zahl beginnen, dienen die nächsten drei Nummern (beziehungsweise eine Kombination aus zwei Zahlen und einem Buchstaben) zur Identifikation der Baureihe und des Kunden, der diese Maschine in Auftrag gegeben hat. Buchstaben am Ende der Bezeichnung geben an, welche Konfiguration das Flugzeug hat. Eine Boeing 747-230F ist zum Beispiel ein Jumbo Jet der Baureihe -200 und wurde von der Deutschen Lufthansa, die durch die Zahl 30 repräsentiert wird, in der Frachtversion (F) bestellt.

Boeing führte dieses Kundennummern-System mit dem ersten Jetliner, der 707, ein, wobei anfangs jedoch die Nummern 01 bis 20 für Boeing selbst reserviert waren. Pan American World Airways als Erstbesteller der 707 erhielt dementsprechend die Boeing-Kundennummer 21. United Airlines und American Airlines erhielten als Besteller Nummer zwei und drei der Boeing 707 die entsprechenden Zahlen 22 und 23 zugeordnet. Als die Zahl der Fluggesellschaften wuchs, die sich bei der Boeing Commercial Airplanes Division im Auftragsbuch verewigten, griff Boeing schließlich auch auf die

reservierten ersten 20 Nummern zurück. KLM mit der Nummer 06 ist also nicht die sechste Airline, die Boeing-Jets orderte, sondern die 86. Fluggesellschaft, die Boeing-Jetliner bestellte. Nachdem mit der New Zealand National Airways Corporation (Kundennummer 19), der Vorgängergesellschaft der Air New Zealand, die zur Verfügung stehenden 98 Nummerncodes vergeben waren (inklusive der Nummer 20 für Boeing selbst), trat die Kombination aus Zahlen und Buchstaben in Kraft. Nachfolgend sind einige Fluggesellschaften mit ihren Boeing-Kundennummern aufgeführt, auch solche, die heute nicht mehr existieren. In Klammern dahinter steht als Beispiel jeweils ein Boeing-Flugzeug aus der Flotte des Carriers mit seiner Registrierung.

Airline:	Nummer:	Beispielmaschine:
KLM	06	(PH-BFA, Boeing 747-406)
Singapore Airlines	12	(9V-SKA, Boeing 747-312)
Canadian Airlines	17	(C-GCPO, Boeing 737-217)
Air New Zealand	19	(ZK-NBA, Boeing 767-219)
Pan American World Airways	21	(N365PA, Boeing 727-221)
United Airlines	22	(N9001U, Boeing 737-222)
American Airlines	23	(N301AA, Boeing 767-223)
Continental Airlines	24	(N88715, Boeing 727-224)
Eastern Airlines	25	(N501EA, Boeing 757-225)
Braniff	27	(N603BN, Boeing 747SP-27)
Air France	28	(F-BPVA, Boeing 747-128)

Da diese Maschine von El Al gekauft wurde, lautet die korrekte Bezeichnung Boeing 747-258B.

Lufthansa hat die Boeing-Kundennummer 30, also heißt diese Maschine 747-130.

Airline:	Nummer:	Beispielmaschine:
Sabena World Airlines	29	(OO-SGA, Boeing 747-129)
Deutsche Lufthansa	30	(D-ABYO, Boeing 747-230F)
Trans World Airlines (TWA)	31	(N52311, Boeing 727-231)
Delta Air Lines	32	(N111DN, Boeing 767-232)
Air Canada	33	(C-FTOC, Boeing 747-133)
British Airways	36	(G-BBPU, Boeing 747-136)
Air India	37	(VT-EDU, Boeing 747-237B)
Qantas	38	(VH-OJA, Boeing 747-438)
Varig	41	(PP-VOA, Boeing 747-341)
Alitalia	43	(I-DEML, Boeing 747-243B)
South African Airways	44	(ZS-SAT, Boeing 747-344)
Japan Airlines	46	(JA8120, Boeing 747SR-46)
Aer Lingus	48	(EI-BXB, Boeing 737-448)
Flying Tiger	49	(N806FT, Boeing 747-249F)
Northwest Airlines	51	(N666US, Boeing 747-451)
Iberia	56	(EC-DNP, Boeing 747-256B)
Swissair	57	(HB-IGD, Boeing 747-357)
El Al	58	(4X-EBL, Boeing 757-258)
Egypt Air	66	(SU-APD, Boeing 707-366C)
Cathay Pacific Airways	67	(VR-HII, Boeing 747-367)
Saudi Arabian Airlines	68	(HZ-AIF, Boeing 747SP-68)
All Nippon Airways (ANA)	81	(JA8288, Boeing 767-381)
Scandinavian (SAS)	83	(LN-RCC, Boeing 767-283ER)
Olympic Airways	84	(SX-DBE, Boeing 707-384B)
Iran Air	86	(EP-IRB, Boeing 727-86)
Alaska Airlines	90	(N798AS, Boeing 727-90C)
Middle East Airlines (MEA)	B4	(OD-AFD, Boeing 707-3B4C)
Korean Air	B5	(HL7459, Boeing 747-2B5F)
Hapag-Lloyd Flug	K5	(D-AHLL, Boeing 737-4K5)
Lauda Air	Z9	(OE-ILF, Boeing 737-3Z9)

Northwest Orient Airlines übernahm diese 747-251B am 1. Mai 1984

Verwirrend ist, daß einige Fluggesellschaften eigene Bezeichnungen für die 747 eingeführt haben. Die Deutsche Lufthansa beispielsweise führte die 747-130 als 747A, die 747-230B als 747B, die Frachter 747-230F als 747C, neuere 747-230B als 747D. Auch schwirren Buchstabenkombinationen wie SL für 747 mit seitlicher Frachttür durch die Welt, sie sind ebefalls von den Airlines eingeführt und stammen nicht von Boeing.

350 Tonnen Flugzeug

Die Zahlen und Fakten der 747 sind beeindruckend und sprechen für sich. Jede Boeing 747 besteht aus bis zu sechs Millionen Einzelteilen. Über die Hälfte davon sind Schrauben, Nieten und Bolzen. Zusammengefügt zu einem Flugzeug wiegen diese Teile zwischen 150657 kg (747-200F) und 179622 kg (747-300M). In dieser Form sind sie in der Lage, mehr als das Doppelte ihres Gewichtes in die Luft zu bringen. Die reine Nutzlast (Zuladung ohne Treibstoff) kann dabei – abhängig von der Ausführung – über 100 Tonnen betragen.

Analysiert man das Design und die technischen Eigenschaften eines Jumbo Jets, ergibt sich mit Ausnahme der Boeing 747-400, auf die in einem anderen Kapitel eigens eingegangen wird, folgende Beschreibung:

Die Boeing 747 »Jumbo Jet« ist ein freitragender Tiefdecker mit einer Länge von 70,66 m, einer Höhe von 19,33 m und einer Spannweite von 59,64 m. Die Tragflügel wiegen je 12700 kg und haben eine positive V-Stellung von sieben Grad sowie eine positive Pfeilung von 37,5 Grad. In der Flügelwurzel haben die Flächen eine Tiefe von 16,56 m, die zu den Flächenspitzen kontinuierlich bis auf 4,06 m abnimmt. Die Streckung beträgt 6,96, die Flügelfläche 510,97 Quadratmeter. Die Tragflügel bestehen aus einem riesigen Torsionskasten mit drei Holmen, der von der Flügelwurzel bis zur -spitze verläuft. Der Mittelholm führt nur bis zum Pylon des jeweils äußeren Triebwerks. Die Dicke der mit Z-Stringern versteiften Leichtmetallbeplankung des Torsionskastens fällt von 3,81 cm an der Flügelwurzel auf 3,2 mm an der Flügelspitze ab. Die Triebwerkspylone sind aus Sicherheitsgründen mit Bolzen an den Holmen befestigt. Sollte aus irgendeinem Grund eine Triebwerksaufhängung oder ein Triebwerk abreißen, dienen die Bolzen als Sollbruchstelle, die eine Beschädigung der Tanks ausschließen.

Der Torsionskasten ist versiegelt und als sogenannter »nasser« Torsionskasten ausgeführt, das heißt, er beherbergt sieben integrale Tanks, die zusammen ein Fassungsvermögen von 190475 Liter haben. Der größte Treibstoff-Vorratsbehälter ist im Flügelmittelstück im Rumpf untergebracht und faßt 60375 Liter. Daran schließen sich die inneren Flügeltanks mit je 33292 Liter Fassungsvermögen an sowie die äußeren Flächentanks mit 26837 Litern. In den beiden Flügelspitzen ist jeweils ein Reservetank untergebracht, der bei Bedarf mit 4921 Liter Kerosin gefüllt werden kann. Die Betankung erfolgt über vier Füllanschlüsse (je zwei zwischen den Triebwerkspylonen) an der Tragflächenunterseite. Bei der Einführung der Großraumflugzeuge stellte dies einige Flughäfen vor besondere Probleme, denn die Betankungsanschlüsse der 747 befinden sich 4,50 m über dem Boden. Spezielle

Tankfahrzeuge mit einer höhenverstellbaren Arbeitsplattform lösten das Problem und sind bei den heutigen internationalen Airports mit Unterflur-Treibstoffversorgung Standard. Der maximale Kraftstoffdurchfluß bei der Druckbetankung lag anfangs bei 1900 Litern pro Minute. Bei vier Anschlüssen ergibt das eine maximale Betankungsmenge von 7600 Litern pro Minute. Rein rechnerisch wäre eine Betankung des Flugzeuges in 25 Minuten zuzüglich zehn Minuten Arbeitszeit für das Anschließen zu schaffen. In der Praxis nehmen die Besatzungen aber nur soviel Kerosin inklusive ausreichender Resreven an Bord, wie sie für ihren Flug brauchen. Entsprechend reduziert sich die Betankungszeit.

Insgesamt 63 Sensoren in den verschiedenen Tanks geben der Besatzung Auskunft über den vorhandenen Treibstoffvorrat. Das Treibstoff-Schnellablaßsystem, mit dessen Hilfe ein Flugzeug in der Luft im Notfall durch »Fuel Dumping« auf sein Landegewicht kommt, hat zwei Auslaßöffnungen, die bei der 747 am hinteren Ende der Flügelspitzen sitzen. Ein Großteil der 2000 Rohrleitungen, die in jeder 747 vorhanden sind, benötigt das umfangreiche Treibstoffsystem, das neben den vier Triebwerken auch die APU (Auxiliary Power Unit, auf deutsch: Hilfsgasturbine) von Garrett-AiResearch im Heck versorgt.

Der Nasenkasten an der Vorderseite der 747-Tragflügel besteht auf seiner ganzen Länge aus Glasfaser-Honeycomb mit Leichtmetall-Versteifungsrippen und einer Nasenkante aus einer Leichtmetall-Legierung. In ihm sind viele Leitungen untergebracht, so zum Beispiel die Zapfluftleitungen der Triebwerke für die Klimaanlage, der Warmluft-Zuführungskanal für die Tragflächenenteisung und die Leitungen zu den Stellmotoren der Krüger- und Nasenklappen. Die beiden Tragflächen-Randbö-

gen sind aus Kunststoff. An ihnen sind die äußeren Begrenzungsleuchten (rechts grün und links rot) sowie der nach hinten herausragende JKW-Antennengalgen befestigt. Der Rumpf-Flügel-Übergang ist mit einem riesigen Glasfaser-Bauteil verkleidet.

Auf den Tragflächen sind eine Vielzahl von aerodynamischen Steuerhilfen integriert. Zwischen der Flügelwurzel und den inneren Triebwerkspylonen befinden sich an der Nasenkanten-Unterseite je drei Krügerklappen. Sie sind aus Leichtmetall hergestellt und werden mit pneumatischen Stellmotoren nach vorne ausgefahren. Die zehnteiligen Nasenklappen jedes Flügels bestehen aus je zwei fünfteiligen Sektionen, die zwischen beiden Triebwerken beziehungsweise an der äußeren Flügelvorderkante sitzen. Sie dienen der Auftriebserhöhung bei Start und Landung. An der Flügelhinterkante befinden sich zwei dreiteilige Landeklappengruppen (eine innere und eine äußere), die per elektrohydraulischen Spindelmotoren nach hinten ausgefahren werden. Der gesamte Klappenmechanismus ist inklusive der stählernen Führungsschienen in vier karottenförmigen Kunststoffverkleidungen untergebracht, die an jeder 747 deutlich an der Traglächenunterseite hervortreten. Der größte Klappenausschlag beträgt 52 Grad. Wenn alle Klappen ausgefahren sind, vergrößert sich die Flügelfläche von normalerweise 510,97 Quadratmetern um 21 Prozent auf 618 Quadratmeter. Dies entspricht einer Erhöhung des Auftriebs um 90 Prozent, so daß die Überziehgeschwindigkeit im Landeanflug auf ein verträgliches Maß herabgesetzt wird.

Zwischen den beiden Klappengruppen sitzt jeweils das innere Querruder für die Steuerung um die Längsachse beim Flug mit hohen Geschwindigkeiten. Es hat einen Bewegungsbereich von plus 20 bis minus 20 Grad und ist aus einer zweiholmigen Struktur mit fünf Rippen aus Leichtmetall aufgebaut. Zur Beplankung wurde Kunststoff verwendet.

Vier Fahrwerksgruppen mit je vier Rädern bilden das Hauptfahrwerk der 747. Zusammen mit den beiden Bugfahrwerksrädern ergibt sich eine Gesamtzahl von 18 Rädern.

Die äußeren, großflächigen Querruder dienen entsprechend der Steuerung beim Langsamflug und haben einen Ausschlag von 25 Grad nach oben und 15 Grad nach unten.

Auf jeder Flügeloberseite sind sechs Störklappen zur Auftriebsvernichtung und Herabsetzung der Fluggeschwindigkeit angebracht. Sie besitzen einen Kern aus Aluminium in Wabenstrukturbauweise und lassen sich bis zu 45 Grad nach oben aufrichten. Zwei Störklappen vor den inneren Landeklappen bilden die innere Spoilergruppe des Flügels, je vier Störklappen sind vor der äußeren Landeklappengruppe befestigt. Lediglich die äußeren Spoilergruppen lassen sich im Flug betätigen, die inneren Spoiler ein jeder Tragfläche sind sogenannte »Ground Spoiler«, die nur am Boden aktiviert werden können. Zusammen weisen die Spoiler eine Oberfläche von über 30 Quadratmetern auf.

Das Höhenleitwerk ist wie die Tragflächen freitragend ausgeführt. Die Spannweite beträgt 22,18 m, die Leitwerksfläche 136,6 Quadratmeter. Das Höhenleitwerk weist die gleiche Pfeilung auf wie die Tragflächen, nämlich 37,5 Grad positiv, auf. Die zweiteiligen Höhenruder lassen sich um 24 Grad nach oben und 18 Grad nach unten bewegen, während zur Trimmung um die Querachse das gesamte Höhenleitwerk bis zu plus drei Grad nach oben und um minus zwölf Grad nach unten verstellt werden kann.

Um die Hochachse wird die 747 im Flug mittels des zweigeteilten Seitenruders gesteuert, dessen maximaler Ausschlag nach links und rechts jeweils 25 Grad beträgt und das hydraulisch durch Aktuatoren bewegt wird. Das komplette Seitenleitwerk weist ab Rumpfoberkante bis zur Spitze eine Höhe von 9,83 m auf und hat eine Fläche von 77,1 Quadratmetern. Die Konstruktion des Seitenleitwerks

747-Reifen müssen einiges aushalten. Bei der Landung werden sie in Sekundenbruchteilen von null auf über 200 km/h beschleunigt.

Die Arbeitsplätze von Pilot und Copilot in einer 747.

besteht aus zwei Haupt- und einem Hilfsholm, für die man wie für die Beplankung eine Aluminiumlegierung als Material wählte. In die obere Spitze des Seitenleitwerks haben die Konstrukteure eine VOR-Empfangsantenne integriert.

Das Fahrwerk der Boeing 747 besteht aus einem zweirädrigen, konventionellen Bugradfahrwerk und vier Hauptfahrwerkseinheiten mit je vier Rädern in Doppel-Tandemanordnung. Alle 18 Räder des Fahrwerks sind bremsbar und verfügten schon damals über ein Antiblockiersystem. Sowohl Bugfahrwerk als auch Hauptfahrwerk sind steuerbar. Das Bugfahrwerk wird hydraulisch nach vorne eingefahren und findet während des Fluges in dem nicht druckbelüfteten Fahrwerksschacht Platz. Der Abstand zwischen dem Bug- und dem Hauptfahrwerk mißt 25,60 Meter. Die beiden mittleren Hauptfahrwerkseinheiten (Unterrumpfbaugruppe) befinden sich auf Höhe der Flüge hinterkante und werden nach vorne in den Fahrwerksschacht im Flügelmittelkasten eingezogen. Ihre Spurweite beträgt elf Meter. Die beiden äußeren, unter dem Flügel sitzenden Fahrwerkseinheiten (Flügelbaugruppe) klappen nach innen ein und finden nach dem Einfahren im Rumpf-Flügel-Übergang Platz. Das Ausfahren des Fahrwerks dauert rund 14 Sekunden, das Einfahren ist nach zwölf Sekunden abgeschlossen. Die schlauchlosen Reifen des Bugfahrwerks haben eine Reifengröße von 46 x 16 und werden wie die Reifen der meisten Verkehrsflugzeuge mit Stickstoff gefüllt. Die achtzehnrädrige Fahrwerkskonstruktion ermöglicht es, das enorme Gewicht des Flugzeuges auf eine so große Fläche zu verteilen, daß alle Flughafenrollbahnen, die mit dem Gewicht früherer Großflugzeuge zurechtkamen, auch den Druck der 747 aushalten.

Geflogen werden die Boeing 747 bis zur Serie -300 von einer Dreimann-Besatzung: Pilot, Copilot und Flugingenieur. Die Cockpitkonzeption beruht auf den mit der 707 gewonnenen Erfahrungen. Pilot

und Co sitzen mit Blick in Flugrichtung auf den beiden vorderen Sitzen, hinter ihnen hat der Flugingenieur an einer Konsole seinen Platz. Während des Fluges überwacht er mit Blickrichtung nach rechts seine Instrumente. Die Armaturen eines 747-Cockpits bestehen aus 555 Leuchten, 132 Anzeigeinstrumenten und 284 Schaltern, zusammen 971 Anzeigen. 1970 gehörte folgende Avionik zur Standardausrüstung einer 747: zwei ARINC 566 VHF-Funkgeräte, zwei ARINC 566 Satelliten-Kommunikationssysteme, zwei ARINC 531 HF-Funkgeräte, zwei ARINC 547 VOR/ILS-Navigationssysteme, zwei ARINC 550 Automatic Direction Finder (ADF), Empfänger für Anflugzeichen (Marker Receiver), zwei ARINC 521D Entfernungsmeßsysteme (DME), zwei ARINC 552 Radarhöhenmesser, Wetterradar, drei ARINC 561 Trägheitsnavigationssysteme (Inertial Naviagtion System/INS), ein integriertes elektronisches Flugsteuerungssystem, ein Überziehwarnsystem, eine ARINC 412 Bordverständigung (Interphone), ein ARINC 542 Flugdatenschreiber, ein ARINC 557 Cockpit Voice Recorder (CVR), ein Passagieransagesystem, ein Bordunterhaltungssystem sowie sonstige Standardinstrumente wie Variometer, Höhenmesser, Kompaß und Fahrtmesser. Mit dem Trägheitsnavigationssystem von AC Electronics, einer General Motors-Tochterfirma, ging Boeing ein beachtliches Risiko ein, das einige Airlines mit Stirnrunzeln beobachteten. Das INS wurde damals gerade neu entwickelt und sollte die Astronavigation und den mit ihr beschäftigten Navigator als vierten Mann auf Langstreckenflügen ablösen – was es letztendlich auch tat. Im Airline-Dienst hatte United das Gerät auf Langstrecken erprobt, bevor Boeing es für die 747 ausgewählt hatte. An Bord des Jumbos ist das INS dreifach redundant vorhanden.

Die Antennen für die Navigations- und Kommunikationselektronik befinden sich bis auf wenige Ausnahmen unter dem Rumpf, hinter dem Bugrad,

da auch der Elektronikraum hinter dem Bugrad-
schacht liegt. Hintereinander angebracht waren
bei der 747-100 unter dem Rumpf zu finden: zwei
Transponder-Antennen, zwei DME-Antennen, eine
Radarhöhenmesser-Antenne, ein ADF-Peilrahmen,
Antenne für Marker Beacon, ein weiterer ADF-Peilrahmen, eine VHF-Antennen sowie eine dritte ADF-
Antenne. Die »Schüssel« für das Wetterradar ist
ganz vorn am Bug, versteckt im Radom untergebracht, eine VHF-Antenne befindet sich oben auf
dem Rumpf.
Die Boeing 747 der Pan Am waren übrigens die
ersten zivilen Verkehrsflugzeuge der Welt, die ein

Head-up-Display im Cockpit hatten. Das als »Vi-
sual Approach Monitor« bezeichnete Gerät bestand aus einer Plastikscheibe, die über dem In-
strumentenpanel des Piloten installiert war und auf
die der exakte Gleitpfad bei der Landung einge-
spiegelt wurde. So sah der Pilot, ohne den Kopf zu
neigen, um auf die Instrumente zu schauen, ob er
sich auf dem Gleitpfad befand und wenn nicht, in

47

welche Richtung er seinen Flugweg zu korrigieren hatte. Entwickelt und gebaut wurde die optische Anflughilfe von Sundstrand Data Control aus Redmond im US-Bundesstaat Washington und sie erhielt bereits 1972 ihre Zulassung. Durchgesetzt hat sich das Gerät vor 20 Jahren aber nicht, erst heute beginnen mehrere Fluggesellschaften, einen Teil ihrer Flotte serienmäßig mit Head-up-Displays auszurüsten, die allerdings bedeutend leistungsfähiger sind als das damalige Sundstrand-Gerät.

Der Jumbo Jet ist nach der amerikanischen Fail-Safe-Philosophie gebaut worden, das heißt, bei Ausfall eines lebenswichtigen Systems steht mindestens ein weiteres zur Verfügung, das die Aufgabe des ersten Systems übernehmen kann. Das Konzept des Hydrauliksystems ist ein gutes Beispiel für dieses Sicherheitsdenken. An jedem der vier Triebwerke der 747 ist eine Hydraulikpumpe mit Wellenantrieb installiert, die den Druck für jeweils eines der vier unabhängigen Hydrauliksysteme liefert. Jede Steuerfläche inklusive der Spoiler wird jeweils von zwei Hydrauliksystemen versorgt.

Bei Ausfall der Primärpumpen stehen als Back-up vier weitere Hydraulikpumpen zur Verfügung, die ihre Energie von der Zapfluft der Triebwerke erhalten und in der Lage sind, den Druck in den vier Hydrauliksystemen aufrechtzuerhalten.

Die Stromversorgung an Bord (115/200 V/ 400 Hz) wird ebenfalls von einem mehrfach redundanten System sichergestellt. Hauptstromquelle sind vier luftgekühlte 60 kVA-Wechselstromgeneratoren, von denen jeweils einer unter einem Triebwerk sitzt. Bei Ausfall eines Hauptgenerators darf das Flugzeug noch abgefertigt werden, da die drei anderen Generatoren genügend Energie zur Verfügung stellen. Und selbst mit einem Generator kann ein Flug noch fortgesetzt werden, allerdings muß der Flugingenieur in einem solchen Fall den Ladezustand der Batterien kontinuierlich beobachten.

Zwei weitere Generatoren, die durch zusätzliche Kühlung für 30 Minuten 90kVA Wechselstrom liefern können, sind an der Hilfsgastrubine (Auxiliary Power Unit/APU) im Heck montiert. Sie werden in erster Linie für die Stromversorgung am Boden herangezogen oder wenn aus irgendeinem Grund alle vier Generatoren an den Düsenmotoren nicht laufen sollten. Zusätzlich sind noch eine 24 V/ 30Ah-Nickel-Cadmium-Batterie als Back-up im Flug sowie vier 28-Volt-Gleichstromtrafos vorhanden. Außerdem ist das Trägheitsnavigationssystem INS gegen einen totalen Energieausfall an Bord mit eigenen Batterien gepuffert.

Der selbstverständlich druckbelüftete Rumpf hat einen Durchmesser von 6,49 m und ist bis auf das Vorder- und Heckteil kreisförmig. Das Volumen ist so groß, daß das Flugzeug bei voller Druckbelüftung durch die komprimierte Luft rund eine Tonne schwerer ist als ohne Druckbelüftung.

Der Rumpf wird in herkömmlicher Halbschalen-Bauweise gefertigt, wobei die Northrop Corporation als einer der größten Subkontraktoren des 747-Programms die 28 Rumpfschalen der gesamten Mittelsektion produziert und sie per Bahn nach Seattle transportiert. Dort werden sie von Boeing zu Rumpfsektionen zusammengefügt und auf der Endmontageline zu ganzen Flugzeugen komplettiert.

Nach der Endmontage verlassen die fertigen Flugzeuge die gigantische Halle in Everett, um über eine Brücke über den Highway 2 gezogen zu werden, der zwischen der Endmontagehalle, der Lackierhalle und dem Vorfeld – wo die fertigen Maschinen für das Einflug- und Abnahmeprogramm vorbereitet werden – verläuft. Dies darf ausschließlich nach Einbruch der Dunkelheit geschehen, da die örtliche Polizei befürchtet, ein Jumbo bei Tage auf einer Highway-Brücke könne ein mittleres Verkehrschaos oder Unfälle durch Schaulustige verursachen.

British Airways betreibt noch eine ganze Reihe von Boeing 747-100. Das Bild mit der alten Lackierung ist jedoch retuschiert.

Boeing 747SP und 747SR

Junior Jumbo

Im September 1973 gab Boeing bekannt, daß das Unternehmen beabsichtige, eine weitere Variante der 747-100 mit Namen 747SP zu entwickeln. Das »SP« in der Bezeichnung stand dabei für »Special Performance« (auf deutsch: besondere Leistung). Pan American World Airways war wie bei der Boeing 707 und der 747-100 auch bei diesem Flugzeugmuster Erstbesteller. Die 747SP wurde von Boeing entwickelt, um sogenannte lange, dünne Strecken bedienen zu können, also extreme Langstrecken mit geringem oder mäßigem Passagieraufkommen

Damit die Fluggesellschaften diese Strecken wirtschaftlich befliegen konnten, mußten die Kosten pro Sitzplatzkilometer bei der 747SP im Vergleich zur Standard-747 stark reduziert werden. Die Boeing-Konstrukteure erreichten das, indem sie das Gewicht der 747SP auf ein Minimum verringerten.

Dazu wurde als augenfälligste Änderung der Rumpf um 14,35 Meter auf 56,31 Meter gekürzt. Vor den Tragflächen wurde eine Rumpfsektion herausgenommen, dahinter zwei. Die Rumpfkürzung hatte zur Folge, daß auf jeder Rumpfseite nur noch vier statt fünf Türen vorhanden sind. Wegen des gedrungenen Aussehens gab Boeing dem Flugzeug auch den Spitznamen »Junior Jumbo«. Er bot je nach Ausführung zwischen 305 und bei enger Bestuhlung 440 Passagieren Platz.

Um identische Flugcharakteristika mit der Standard-747 zu gewährleisten, wurde die Höhenleitwerksspannweite bei der SP um 3,05 Meter vergrößert. Auch das Seitenleitwerk wuchs markant: Es wurde um 1,52 Meter erhöht. Das Seitenruder wurde als zweifach geteiltes Ruder (double hinge rudder) ausgeführt.

Tragflächenseitig gab es ebenfalls Modifikationen. So ersetzte ein neues, einteiliges Klappensystem an der 747SP die dreiteiligen Flaps der 747-100. Durch die einfachere Aufhängung der Klappen verringerte sich auch hier das Gewicht. Im Flügelkasten konnte durch eine geringere Materialdicke an einigen Stellen ebenfalls Gewicht reduziert werden. Bug- und Hauptfahrwerk wurden abgespeckt und mit Reifen der Größe 46 x 16 26-ply (Hauptfahrwerk) versehen. Um zu verhindern, daß versehentlich gewichtsbelastete Teile eines 747SP-Fahrwerks wie Achsen, Fahrwerksbeine und Steuerzylinder an eine höhergewichtige 747-Version eingebaut werden, wurden sie so ausgelegt, daß sie nur an den Special Performance-Jumbo passen.

Daraus ergaben sich – abhängig von den Triebwerken und der von den Airlines gewünschten Innenausstattung – Leergewichte zwischen 145 000 bis 150 000 kg und Höchstabfluggewichte zwischen 285 765 kg und 318 420 kg für die 747SP. Trotz der Änderungen haben 747SP und 747-100

Für extreme Langstrecken entwickelte Boeing die 747SP (Special Performance), die im Mai 1975 Rollout feierte.

Als Grundlage für den Modellbau der Boeing 747SP diente der alte statische Testrumpf, der seit 1970 nicht mehr benutzt wurde.

eine 90prozentige Kommonalität der Komponenten, das heißt der Systeme, die von der normalen 747 in die 747SP installiert werden können. 64,2 Prozent aller 747SP-Teile wurden unverändert von der 747-100/200 übernommen. 28 Prozent wurden modifiziert und nur 7,8 Prozent waren neue Entwürfe.

Bei den Triebwerken hatten die Kunden wie bei den anderen, späteren Jumbo Jet-Modellen auch die Wahl zwischen drei verschiedenen Herstellern: Pratt & Whitney bot das JT9D-7A mit einer Leistung von 46 950 Pfund Schub (208,8 kN) an, sowie das JT9D-7F mit 48 000 lbs (213,5 kN), das JT9D-7AW mit 48 570 lbs (216 kN), das JT9D-7FW und das JT9D-7J mit je 50 000 lbs (222,4 kN). Der britische Triebwerkshersteller Rolls-Royce plc. offerierte das RB211-524B2 mit 50 100 lbs (222,8

kN) Leistung, das RB211-524C2 mit 51 600 lbs (229,5 kN) sowie das RB211-524D4 mit 53 110 lbs (236,25 kN). Vom amerikanischen Triebwerksgiganten General Electric Aero Engines kamen das CF6-45A2, beziehungsweise CF6-50E2 mit 46 500 lbs (206,8 kN) Schub. Bestellt wurden aber lediglich mit Pratt & Whitney und Rolls-Royce-Turbofans (zum Beispiel für Saudi-Arabian Airlines) ausgerüstete 747SP. Mit all den Modifikationen erreichte Boeing, daß die »SP« im Treibstoffverbrauch auf Langstrecken 20 Prozent unter der normalen 747 blieb.

Das Treibstoffsystem der 747SP entsprach dem der normalen 747-100, mit einer Ausnahme: Boeings Ingenieure hatten das Tankvolumen des Musters um 5 966 Liter Fassungsvermögen auf

Auf einer Demo-Tour rund um die Welt war die 747SP der erste Widebody-Jet, der jemals in Kabul, der Hauptstadt Afghanistans, landete.

190 625 Liter erhöht, um wirklich größtmögliche Reichweiten zu erzielen.

Am 19. Mai 1975 wurde die erste 747SP im Rahmen einer Rollout-Zeremonie aus der Endmontagehalle gezogen. Der ebenfalls auf dem Vorfeld vor der Halle stehende Jumbo Jet-Prototyp gab einen hervorragenden Größenvergleich ab. Die 747SP hatte einen weiß-silbernen Rumpf, der mit einem rot-weiß-blauen Streifen verziert war.

Am 4. Juli 1975 – pünktlich zum amerikanischen Nationalfeiertag – startete der 747SP-Prototyp bei hervorragendem Wetter mit blauem Himmel um 11.17 Uhr zum Erstflug vom Paine Field in Everett, Washington. Während des Fluges und der nachfolgenden Erprobung trug die Maschine das passende Kennzeichen: N747SP. Als Chase-Plane

beim Jungfernflug fungierte wieder einmal Boeings Canadair Sabre. Die Crew des Erstflugs bestand aus Boeings Cheftestpilot Jack Waddell, der als Kapitän auf dem linken Cockpitsitz saß. Als Copilot saß Boeings Flugbetriebsdirektor S.L.»Lew« Wallick rechts, und dritter Mann im Cockpit auf dem Flugingenieursposten war Kenneth R. Storms. Der drei Stunden und vier Minuten dauernde erste Flug markierte den Beginn eines ehrgeizigen Flugerprobungsprogramms, in das die ersten drei Flugzeuge dieses Musters einbezogen wurden. Die Nummer vier, die am 3. November 1975 zum Erstflug startete, stand dem Erprobungsteam als Stand-by-Maschine zur Verfügung.

Bereits beim Jungfernflug des Prototyps wurde unter anderem das Geschwindigkeitsspektrum der

Maschine von der Überziehgeschwindigkeit bis zu einer Speed von Mach 0.92 erflogen. Die größte Höhe, die während dieses Flugs erreicht wurde, betrug 30 000 Fuß. Bereits am Nachmittag des 4. Juli startete der 747SP-Prototyp zu einem zweiten, 52minütigem Flug. Flug Nummer drei dauerte fünf Stunden und zehn Minuten. Die ersten Daten für die Nachweise zur Zulassung durch die amerikanische Zulassungsbehörde FAA wurden auf dem Erstflug der zweiten 747SP erflogen. Dieses Flugzeug war bereits in den Farben der Pan Am lackiert, als es am 14. August 1975 zum ersten Mal startete. N247SP – so die Registrierung während der Flugtests – wurde am 26. April des darauffolgenden Jahres an Pan Am geliefert und flog dort als »Clipper Mayflower« mit dem Kennzeichen N530PA bis es am 11. Februar 1986 in den Besitz von United Airlines überging, wo es als N140UA eingesetzt ist.

Die Zulassung für die 747SP erhielt Boeing nur neun Monate nach dem Erstflug am 4. Februar 1976 – ein Zeichen dafür, daß das Flugzeug als neue Version der 747-100 zertifiziert wurde und nicht als völlig neues Verkehrsflugzeugmuster. Während des Flugerprobungsprogramms waren die drei daran beteiligten Maschinen auf 340 Flügen insgesamt 544 Stunden und 27 Minuten in der Luft. S.L. »Lew« Wallick bezeichnete denn auch das Flugtestprogramm als »höchst erfolgreich«. Es habe keine größeren Probleme gegeben. Weder mit dem Flugzeug, noch mit den Triebwerken oder der Ausrüstung.

Auf einer Verkaufstour im November und Dezember 1975 zeigte die vierte fertiggestellte 747SP in 18 Staaten der Erde ihr Können. Sie hatte während der Demo-Tour 140 Stunden und 15 Minuten Flugzeit ins Logbuch bekommen und 120 919 Kilometer zurückgelegt und dabei unter anderem Strecken wie New York -Tokio (11 287 km) mit 200 Passagieren an Bord, Mexiko Stadt – Belgrad (11 592 km) und Sydney – Santiago de Chile (11 493 km) hinter sich gebracht. Seine Eigenschaft, auch von kurzen Plätzen starten zu können, benötigte das Flugzeug beim Start vom bolivianischen Flughafen La Paz, der mit 13354 Fuß Höhe (4070 Meter) zu den höchstgelegenen Verkehrsflughäfen der Welt gehört. Weiteres Highlight der Tour war die Landung des Flugzeuges auf dem Flughafen von Kabul. Hier war die Maschine das erste Großraumflugzeug, das jemals in der afghanischen Hauptstadt gelandet war.

Im April 1976 stellte Pan Am die ersten 747SP in Dienst und beflog mit ihnen die Strecken New York – Tokio und Los Angeles – Tokio. Die tägliche Flugzeit der Maschinen kam so sehr schnell auf durchschnittlich den sehr hohen Wert von 14,1 Stunden.

Die Boeing 747SP blieb im Laufe ihrer Dienstzeit mit mehreren Weltrekorden weiterhin in den Schlagzeilen der Fachpresse: Am 23. März 1976 startete die erste 747SP für South African Airways mit 50 Passagieren an Bord und einem Abfluggewicht von 323 547 kg zum Auslieferungsflug vom Paine Field im nordwestlichen US-Bundesstaat Washington nach Kapstadt in Südafrika. Die Großkreisentfernung zwischen beiden Städten beträgt 16 560 Kilometer. Als die Maschine nach einem Nonstopflug von rund 17 Stunden und 22 Minuten in Kapstadt landete, war noch genug Treibstoff für weitere zwei Stunden und 27 Minuten Flugzeit in den Tanks.

Vom 1. bis zum 3. Mai 1976 flogen Pan Am-Flugkapitän Walter H. Mullikin und seine Besatzung mit einer 747SP in 46 Stunden und 50 Minuten um die Erde in West-Ost-Richtung. Start- und Zielort war New York, zum Nachtanken zwischengelandet wurde in Delhi/Indien und Tokio. Die Durchschnittsgeschwindigkeit von 436 Knoten bedeutete Weltrekord. Vom 28. bis 31. Oktober des darauffolgenden Jahres hatte wieder Mullikin das Kommando an Bord einer Pan Am-747SP, als diese

Durch die Verkürzung des Rumpfes um 14,35 m wirkt die 747SP sehr gedrungen. In der Basisversion bietet die Maschine 331 Fluggästen Platz.

Pan Am war auch bei der 747SP Erstkunde. Eine Maschine der Gesellschaft stellte zwei Weltrekorde für Weltumrundungen auf.

sich anschickte, den Globus zu umrunden. Dieses Mal sah die Streckenführung vor, beide Pole zu überfliegen. Mullikins Besatzung gelang es, in 54 Stunden und sieben Minuten von San Francisco mit Zwischenlandungen in London, Kapstadt, und Auckland (Neuseeland) wieder über den Pazifik zurück nach San Francisco zu fliegen. Durchschnittsgeschwindigkeit für die 42 459 km lange Strecke: 423,29 Knoten und damit erneut Weltrekord.

Der 28. und 29. Januar 1988 sahen den bislang letzten spektakulären Rekord der 747SP: Das Flugzeug mit dem Kennzeichen N147UA von United Airlines und dem Namen »Friendship One« hatte 120 zahlende Passagiere an Bord, als es mit nur zwei Tankstopps von zusammen 1:40 Stunden Dauer – in Athen und Taipeh – eine Distanz von 37 546 km in 36 Stunden und 54 Minuten überbrückte. Dank starker Rückenwinde, die über dem Atlantik 337 km/h erreichten, und einer Flughöhe von 37 000 Fuß, die über 80 Prozent der Strecke genehmigt wurde, hatte die Friendship One eine »Um-die-Erde-Geschwindigkeit« von 1002 km/h! Für den gesamten Flug hatte das Flugzeug 560 180 Liter Kerosin benötigt. Jeder der Fluggäste hatte mindestens 5000 Dollar an die Friendship Foundation, eine wohltätige Organisation, die Kindern in aller Welt hilft, spenden müssen, um eine Einladung für den Flug zu erhalten. Kapitän an Bord dieses Fluges war Clay Lacy. Er stand einer insgesamt 18köpfigen Besatzung vor, die aus Freiwilligen von United Airlines bestand. Bemerkenswert an dem Flug war auch die Tatsache, daß 80 der Passagiere Piloten waren, die inklusive der Flugerfahrung von Kapitän Lacy auf zusammen 540 000 Stunden Flugstunden zurückblicken konnten.

Trotz aller Rekorde: Ein großer Markt für die Maschine war nicht vorhanden. 45 Boeing 747SP fanden einen Käufer, unter ihnen waren die Fluggesellschaften Pan Am, Braniff, Iran Air (4), South African Airways (6), China Airlines, Trans World Airlines, QANTAS, Saudi Arabian Airlines, Syrianair sowie die Regierung von Saudi-Arabien, die die 747SP mit dem Kennzeichen HZ-HM1B als VIP-Flugzeug betreibt. United Airlines, die heute mit elf Maschinen Betreiber der größten Boeing 747SP-Flotte ist, hat diese Flugzeuge nicht direkt von Boeing gekauft, sondern sie zusammen mit einigen Pazifikstrecken von der damals langsam in den Konkurs gleitenden Pan American übernommen. Auch die luxemburgische Luxair und die namibische Namib Air sind Sekundärbenutzer der 747SP, die sie von anderen Gesellschaften geleast beziehungsweise gekauft haben. Die letzte der 45 »SP« wurde im Dezember 1989 an die Vereinigten Arabischen Emirate geliefert, die sie mit VIP-Ausstattung in der Flotte des »United Arab Emirates Royal Flight« als Regierungsflugzeug betreiben.

Wenig bekannt ist die ebenfalls spezielle 747-100B-Version namens 747SR. Die Buchstaben »SR« vertreten hier die Bezeichnung Short Range, was auf deutsch Kurzstrecke heißt. Die japanische Fluggesellschaft Japan Airlines (JAL) bestellte die 747SR für den innerjapanischen Flugverkehr, bei dem Großraumflugzeuge mit enormer Passagierkapazität gefragt sind. Die ersten vier 747SR wurden von JAL im Oktober 1972 bestellt und am 7. Oktober 1973 geliefert. Den ersten Linienflug machten sie auf der Strecke von Tokio nach Okinawa. Sie verfügen über eine 99prozentige Gemeinsamkeit an Komponenten mit der dem Standardmodell der 747-100, wobei die größten Änderungen das Fahrwerk betreffen, das strukturell verstärkt wurde, um die hohe Zahl an Landungen im Kurzstreckenverkehr aufzunehmen. Die Strecken, die im innerjapanischen Verkehr mit den Maschinen geflogen werden, sind teilweise nur 360 km lang und eine dementsprechend hohe Frequenz an Flügen pro Tag müssen die 747SR aushalten. Das maximale Abfluggewicht wurde auf 258 548 kg bei

Iran Air ist regelmäßig auf den Flughäfen Europas mit der 747SP zu sehen. Hier rollt die EP-IAD auf einem Taxiway in Frankfurt/Main.

Auch die chinesische CAAC benutzt die 747SP auf ihren Europa-Strecken.

Mit der Übernahme der Pazifik-Strecken von Pan Am erwarb United auch die dazugehörigen Boeing 747SP.

den JAL-Flugzeugen beziehungsweise 258 911 kg bei denen der japanischen JAL-Konkurrenzgesellschaft All Nippon Airways (ANA) herabgesetzt. Die Passagierkapazität der 747SR, die von Boeing zeitweilig als »747 Super Airbus« bezeichnet wurde, liegt bei 550 (JAL), beziehungsweise 500 (ANA) Fluggästen.

Der erste Kurzstrecken-Jumbo flog am 31. August 1973 und wurde im September an JAL übergeben. Insgesamt wurden 29 Maschinen dieses Musters gebaut, alle gingen an japanische Kunden. ANA ist die Airline mit der größten 747SR-Flotte: In ihrem Bestand sind 17 Flugzeuge vom Typ 747SR-81, alle werden von General Electric CF6-45A2-Turbofans angetrieben. Japan Airlines hat noch acht Short Range-Jumbos im Bestand. Sie tragen die korrekten Typenbezeichnungen 747SR-46 und 747-146B (SR). Unter den Flächen der JAL-Maschinen hängen Pratt & Whitney JT9D-7A-Antriebe

Den Flug mit den meisten Passagieren an Bord kann dennoch keine der 747SR für sich beanspruchen. Eine Boeing 747 der israelischen El Al hat diesen Flug durchgeführt. Im Rahmen einer großangelegten Operation holte die israelische Regierung 1991 über eine Luftbrücke äthiopische Juden aus dem von Hunger, Dürre und Bürgerkrieg geschundenen Äthiopien nach Israel. Dabei nahm eine El Al-747 die unglaubliche Zahl von 1200 Menschen auf. Das war nur möglich, weil der Jumbo einerseits für den verhältnismäßig kurzen Rückflug nach Israel nicht die volle Treibstoffzuladung benötigte und andererseits alle Sitze ausgebaut worden waren. Einfache Matten bedeckten den Boden, auf dem die Leute dichtgedrängt saßen. Sie mußten ihre restliche Habe zurücklassen und durften nichts mit an Bord nehmen. Für viele dieser armen Menschen war dieser Flug ins gelobte Land der erste Flug ihres Lebens. Es dürfte bis heute keinen anderen Flug gegeben haben, bei dem mehr Menschen an Bord eines einzigen Flugzeuges waren.

Pratt & Whitney testete das JT9D High-Bypass-Turbofan-Triebwerk für die 747 ab Juni 1968 am inneren Pylon einer modifizierten B-52.

Das JT9D war an der Boeing 747 äußerst erfolgreich. Pratt & Whitney konnte den Startschub von 182,4 kN beim JT9D-1 auf über 243 kN beim JT9D-7R4 (abgebildet) steigern.

Turbofans für den Jumbo

Technologie-Sprung

Der Schlüssel für den Erfolg der Boeing 747 war unter anderem die Verfügbarkeit von neuen, effizienten Triebwerken, die durch leichte Wartbarkeit und einen geringen Treibstoffverbrauch die direkten Betriebskosten (Direct Operating Costs) des Flugzeugs gegenüber den damals gebräuchlichen Mustern deutlich herabsetzten. Pan Am-Boss Juan Trippe hatte bei der Bestellung der 747 ein Flugzeug verlangt, das die Kosten pro Sitzmeile in der Größenordnung von 30 bis 35 Prozent gegenüber den damaligen Maschinen reduziert. Der spezifische Brennstoffverbrauch konnte in der Tat durch die neue Generation von Turbofan-Antrieben im Vergleich zum spezifischen Kraftstoffverbrauch der 707-Aggregate um 24 Prozent gesenkt werden. Außerdem war das spezifische Gewicht der JT9D um 22 Prozent leichter, was allein schon eine Verbrauchsreduzierung nach sich zieht. Immerhin wird ein Jumbo Jet von vier Aggregaten angetrieben, die für damalige Verhältnisse geradezu gigantische Ausmaße hatten. Den Durchmesser der Turbofan-Triebwerke von über 2,40 Meter illustrierten die Fluggesellschaften zu Beginn des Großraumflugzeug-Zeitalters häufig damit, daß sie für ihre Werbekampagnen zur Einführung der 747 eine Stewardess in die Triebwerksverkleidung stellten und sie dann ablichteten.

Die ersten 747 wurden ausschließlich mit Zweistrom-Turbofan-Triebwerken JT9D von Pratt & Whitney angeboten, nachdem sich General Electric schon 1966 aus dem Wettbewerb um einen Auftrag für den Antrieb der Boeing 747 zurückgezogen hatte. Das JT9D war von Pratt & Whitney in sechsjähriger Arbeit für die CX-HLS-Ausschreibung der USAF entwickelt worden, unterlag aber dem General-Electric-Entwurf, der als TF39 verwirklicht wurde und als erster High-Bypass-Turbofan der Welt die Lockheed C-5A Galaxy antreibt. High Bypass heißt, daß das Verhältnis zwischen der Luft, die am Kerntriebwerk vorbeiströmt im Vergleich zur Luftmenge, die durch das Kerntriebwerk strömt, sehr hoch ist. Das Bypass- oder auch Nebenstromverhältnis der alten Boeing 707- und DC-8-Triebwerke Pratt & Whitney JT3D-7 betrug beispielsweise 1,4 zu 1. Beim JT9D betrug das Bypass-Verhältnis 5,1 zu 1, beim TF39 für die C-5A sogar 8 zu 1. Um es verständlich zu machen: Beim JT9D mit einem Nebenstromverhältnis von 5,1 strömt 5,1 mal mehr Luft durch den Mantelstrom als durch das Kerntriebwerk. Triebwerke mit hohem Nebenstromverhältnis arbeiten nicht nur sehr treibstoffeffizient, sondern auch verhältnismäßig leise, da der kalte Nebenluftstrom die heißen und lauten – da schnellen – Abgase des Kerntriebwerks ummantelt.

Pratt & Whitney baute extra für das JT9D eine neue Fabrik. Der JT9D-Prototyp lief auf dem Pratt & Whitney-Prüfstand in East Hartford, Connecticut,

1966 erstmalig. Mehrere weitere Versuchstriebwerke folgten, unter anderem eines, das an einer von der Air Force geleasten B-52 vom Juni 1968 an im Flug erprobt wurde. Dazu hatte Pratt & Whitney die beiden am rechten inneren Pylon befestigten J57-Turbojets des achtstrahligen Bombers entfernt und an deren Stelle das neue Turbofan-Triebwerk installiert. Der Startschub der JT9D-1-Antriebe betrug anfänglich 41 000 lbs (182,4 kN) und wurde stetig gesteigert. Das JT9D-3 erbrachte schon 43 390 lbs (193 kN), während das ab 1972 verfügbare JT9D-7W 47 000 Pfund Schub (209 kN) leisten konnte. Das Trockengewicht des JT9D liegt bei ungefähr vier Tonnen.

Einige Boeing 747-100 hatten zur Leistungssteigerung an heißen Tagen eine Wassereinspritzanlage für die Triebwerke. Durch das Wasser, das während der Startphase, wenn der meiste Schub benötigt wird, in die Brennkammer der JT9D-Triebwerke injiziert wurde, verringerte sich die Temperatur in der Brennkammer und der Treibstoffverbrauch erhöhte sich um zehn Prozent. Gleichzeitig sorgte die geringere Temperatur aber für einen erhöhten Startschub. Statt normal 43 390 lbs (193 kN) lieferte das JT9D-3 bei Wassereinspritzung beispielsweise 44 960 Pfund (200 kN) Schub. Und beim JT9D-7 konnte der Startschub von 45 410 lbs (202 kN) auf 46 987 (209 kN) Pfund gesteigert werden. Trotz eines 1500-Liter-Tanks im Flügelkasten reicht die Wassermenge für gerade 180 Sekunden Startschuberhöhung.

Als zweites Triebwerksmuster wurde das vom US-Konzern General Electric Aero Engines aus Evendale in Ohio hergestellte CF6-50E an der 747 installiert. Die USAF hatte das Triebwerk für ihre E-4A ausgewählt und ein 1975 Flugtestprogramm durchführen lassen. Die holländische Luftfahrtgesellschaft KLM orderte als erster ziviler Anwender am 5. Juli 1974 eine 747B mit dem GE-Antrieb, der aus dem GE TF39 abgeleitet war. Um die Kosten

für Instandhaltung und Ersatzteile möglichst gering zu halten, versuchten die Fluggesellschaften, die verschiedenen Flugzeugmuster ihrer Flotte mit gleichen oder ähnlichen Triebwerken auszurüsten. Deshalb schwenkten in den siebziger Jahren einige 747-Betreiber von den Pratt & Whitney-Antrieben auf solche von General Electric um. Die Deutsche Lufthansa war eine dieser Airlines. Weitere Gesellschaften, die sich noch in den siebziger Jahren für das CF6-50 entschieden, waren Air France, UTA, All Nippon Airways, Air Gabon, Wardair, Pakistan International Airlines, Thai International Airways, Alitalia und Philippine Airlines. Die Schubstärke der CF6-50E lag anfänglich bei 52 250 lbs (232,4 kN) und die 747-200B, die die KLM am 5. Juli 1974 orderte, war die erste Bestellung für eine 747 mit einem Höchstabfluggewicht von über 800 000 lbs (362 880 kg). Das Trockengewicht des CF6-50 beträgt rund 3950 Kilogramm.

Das General Electric-Triebwerk CF6 wird seit Mitte der 70er Jahre an der 747 verwendet. Abgebildet ist das CF6-80C2 für die Boeing 747-400.

Das Rolls-Royce-Triebwerk RB211-524 wurde als dritte Antriebsoption für die 747 angeboten.

Erstflug des ersten Rolls-Royce-Jumbos, einer 747-200B für British Airways, war am 3. September 1976.

Den Startschuß für den dritten Triebwerkshersteller, das britische Unternehmen Rolls-Royce, gab British Airways, als die englische Luftfahrtgesellschaft am 27. Juni 1975 für ihre bestellten 747 das Rolls-Royce RB211-524 kaufte. Als einziges der drei Triebwerksmuster ist das RB211-524 ein Dreiwellen-Antrieb, was eine kompaktere Bauweise ermöglicht. Trotzdem ist das Rolls-Royce RB211-524D4 mit einer Trockenmasse von über 4400 kg einer der schwerste 747-Antriebe. Die ersten RB211-524B für British Airways erbrachten 50 100 Pfund Schub (222,85 kN). Mit dem ersten Flug einer Boeing 747-200B mit Rolls-Royce-Antrieb für British Airways am 3. September 1976 waren alle drei großen Triebwerkshersteller an der 747 vertreten. Weitere Fluggesellschaften, die Rolls-Royce-Triebwerke unter den Flächen ihrer Boeing 747 hängen haben, sind (ohne Anspruch auf Vollständigkeit) Cathay Pacific, QANTAS, South African Airways und Saudi Arabian Airlines.

Alle drei Hersteller arbeiten kontinuierlich an Verbesserungen ihrer Triebwerke. Bei General Electric führte dies zum CF6-80C2 und CF6-80C2B1, die an der 747-300 und -400, beziehungsweise der 747-200, -300 und -400 Verwendung finden. Ihr Startschub beträgt 59 000 und 56 700 lbs (262,4 kN und 252,2 kN). An der 747-400 wurde das CF6-80C2B1F im Mai 1989 zertifiziert.

Pratt & Whitney kündigte im Dezember 1982 an, einen Nachfolger für das JT9D zu konstruieren, dessen Schub in der letzten Version, dem JT9D-7R462 auf 54 750 lbs (243,5 kN) gesteigert worden war. Das neue Großtriebwerk von Pratt & Whitney hieß PW4000 und zeichnet sich durch eine 54prozentige Reduzierung der Teile gegenüber dem JT9D aus. Nichtsdestotrotz besteht jedes PW4000 aus rund 30 000 Einzelteilen! Außerdem verbraucht das PW4000 rund sieben Prozent weniger Kerosin als das JT9D. Im Juli 1986 wurde der neue Turbofan von der FAA zugelassen, ein Jahr später, im Juni 1987 ging er in den Airlinedienst. An der Boeing 747 tauchte das PW4000 erst bei der 747-400 auf. Northwest Airlines, Erstkunde für die 400er, optierte für das PW4000 an der neuesten Jumbo-Version. Im Januar 1989 wurde das PW4056 an der 747-400 zugelassen. Schub: 56 000 lbs (249 kN). Für Airlines, die ein schubstärkeres PW4000 an der 747-400 benötigen, bietet Pratt das PW4256 mit 56 750 lbs (252,4 kN) an.

Auch bei Rolls-Royce ging die Entwicklung in Richtung stärkerer Varianten des RB211-524. Von 50 100 lbs Schub (222,85 kN) beim RB211-524B steigerten die Briten die Antriebskraft des Aggregats auf 58 000 lbs (257,98 kN) beim RB211-524G, das seit Juni 1989 an der 747-400 zugelassen ist. Und eine noch stärkere Variante, das RB211-524H, wurde bereits von Cathay Pacific für die 747-400F geordert.

Cathay Pacific aus Hongkong ist die einzige Fluggesellschaft, die ausschließlich Rolls-Royce-Antriebe benutzt. Hier sind die beiden linken RB211-524G einer 747-400 zu sehen.

Das PW4000 ist der moderne Nachfolger des JT9D.

Seltener Anblick: 747 mit fünf Triebwerken. Der »5th Pod« dient nur dem Transport von Ersatzaggregaten.

Sehr selten sieht man auf den Flughäfen Boeing 747 mit fünf Triebwerken unter den Tragflächen. Dies ist aber weder eine optische Täuschung noch eine neue Jumbo-Variante. Auf der Innenseite unter der linken Tragfläche kann tatsächlich ein fünftes Triebwerk installiert werden, allerdings nur zu Überführungszwecken. Ein spezieller Befestigungspunkt erlaubt die Montage des fünften Antriebs, der dazu mit einer Verkleidung über dem Spinner und einem

Teil des Bläsers versehen wird, um den Luftwiderstand herabzusetzen. Auf diese Transportmöglichkeit für Triebwerke greifen die Flugzeugbetreiber aber wie schon angeführt äußerst selten zurück, da durch eine konstante Triebwerksüberwachung wie sie bei vielen Airlines betrieben wird, etwaige Schäden schon im Vorfeld erkannt werden und die Triebwerke frühzeitig auf der Basis ausgetauscht werden.

Die 747 als Militärflugzeug

Jumbo in Uniform

Wie bei den anderen Boeing-Verkehrsjets sah die Boeing Commercial Airplane Division auch für die 747 eine potentielle militärische Verwendung, stammte die grundsätzliche Auslegung für den Jumbo Jet doch aus einem Entwurf für eine Ausschreibung für ein USAF-Transportflugzeug. Kennzeichen dafür ist zum Beispiel das Cockpit im Oberdeck, das »ursprünglich dorthin konstruiert wurde, damit es bei einer Beladung der Maschine mit Fracht aus dem Weg war« (Zitat Boeing-Pressemitteilung). Mit mehreren Konzepten wurden Boeing-Repräsentanten bei den für die Beschaffung von Material zuständigen Stellen im Pentagon vorstellig. Doch nur mit zwei Konzepten waren sie erfolgreich: Der E-4 Advanced Airborne Command Post (AABNCP) und dem Regierungsreiseflugzeug VC-25A, dem das nächste Kapitel gewidmet ist.

Am 28. Februar 1973 gab die in Hanscom Field in Massachusetts stationierte USAF Electronic Systems Division bekannt, daß sie der Boeing Company einen 59 Millionen-Dollar-Festpreisauftrag erteilt hatte, zwei Boeing 747-200B in E-4A umzuwandeln. Die E-4A ersetzten die veralteten EC/KC-135 des National Military Command System und des Strategic Air Command als fliegende nationale Kommandostände, die ständigen Kontakt zwischen der obersten US-Kommandobehörde und den nuklear ausgerüsteten Streitkräften halten. Im Gegensatz zu Befehlsständen am Boden sind fliegende Kommandozentralen schwerer zu orten und damit weniger der Gefahr der Zerstörung ausgesetzt.

Im Laufe des Jahres 1973 wurde der Auftrag erst auf drei, dann auf vier Einheiten erhöht, wobei das vierte Flugzeug mit einem neuen Equipment versehen als E-4B fertiggestellt werden sollte.

Die Firma E-Systems aus Dallas, Texas, wurde mit der Aufgabe betraut, die Ausrüstung aus den EC-135 auszubauen und in die E-4A zu integrieren, die das Dreifache an Nutzlast der EC-135 transportieren konnten und Platz für eine wesentlich größere Mannschaft an Bord boten. Aufbauend auf den operationellen Erfahrungen mit den ersten drei E-4A wurde das Innenleben und das Elektronik-Equipment der E-4B entworfen.

Die erste E-4A flog am 13. Juni 1973 und wurde eineinhalb Jahre später, im Dezember 1974, an die Air Force abgeliefert. Die Flugzeuge Nummer zwei und drei folgten im Mai und September 1975. Alle drei Maschinen waren auf der Andrews Air Force Base in Maryland stationiert. Die High-Tech-Jumbos sind weiß lackiert und haben als einzige Zierde einen breiten dunkelblauen Streifen in Höhe der Fenster des Hauptdecks an den Rumpfseiten. Über dem Streifen steht in meterhohen Buchstaben, wem das Flugzeug gehört: United States of America. Die Boeing-Konstruktionsnummern der

Der fliegende Kommandostand E-4B.

E-4A lauten 20682, 20683 und 20684. Die USAF nahm sie unter den Seriennummern 73-1676, 73-1677 und 74-787 in ihr Inventar auf. Hier ist kurz anzumerken, daß die ersten beiden Ziffern einer USAF-Serial Number immer das Fiskaljahr bezeichnen, in dem das Flugzeug beschafft wurde.

Die ersten beiden E-4A waren ursprünglich mit Pratt & Whitney JT9D-Antrieben bestückt (militärische Bezeichnung: F105-PW-100). Nummer drei verfügte ebenso wie die im August 1975 in Prototypenform an die Air Force gelieferte E-4B über CF6-50-Triebwerke von General Electric (militärische Bezeichnung: F103-GE-100). 1976 wurden auch die ersten beiden E-4 auf GE-Turbofans umgerüstet. Die Missionsdauer der im Flug betankbaren E-4A/B beträgt bis zu 72 Stunden. Ohne Luftbetankung können die Maschinen zwölf Stunden in der Luft bleiben.

Erst im Juni 1978 begann die Flugerprobung der voll ausgerüsteten E-4B (Boeing-Konstruktionsnummer 20949, USAF-Serial Number 75-0125), die leicht an dem Buckel hinter dem Oberdeck zu erkennen ist. In diesem Buckel verbirgt sich eine SHF-Antenne (Super High Frequency). 45 weitere Antennen decken das gesamte Frequenzspektrum von VLF (Very Low Frequency) über LF, HF, MF, UHF bis SHF ab. Die größte Antenne ist dabei ein acht Kilometer langes Kupferkabel, das bei Bedarf aus dem Rumpfheck abgerollt werden kann, um eine VLF-Funkverbindung mit getauchten U-Booten herzustellen. Über die weitere Inneneinrichtung der E-4 ist nur wenig bekannt. Sicher ist aber, daß eine Vielzahl der Frequenzen abhörsicher sind und daß die Elektronik an Bord gegen einen möglichen elektromagnetischen Impuls (ausgelöst durch eine Atomexplosion) und andere Störungen von außen gesichert ist.

Die Besatzung besteht aus 94 Mann, von denen allein 30 Elektronikspezialisten für die Gewährleistung des ständigen Informationsflusses zuständig

sind. Im Unterdeck, das bei einer zivilen Passagier-747 als Frachtraum dient, ist ein Großteil der Elektronik untergebracht, die enorm viel Energie verbraucht. Das elektrische System hat eine Kapazität von 1200 kVA, verglichen mit 240 kVA bei einer zivilen 747. Damit dürften die E-4B die größten Generatoren besitzen, die jemals in ein Flugzeug eingebaut wurden. Das Hauptdeck ist in sechs Bereiche unterteilt: Konferenzraum, Briefingraum mit Projektionsmöglichkeiten, Arbeitsraum für den kommandierenden Offizier, Stabs-Arbeitsraum, Kommunikationszentrum und Ruheräume. Im Oberdeck sind hinter dem Cockpit der Navigationsraum sowie ein Ruheraum für die Crew untergebracht.

Die drei E-4A wurden zwischen 1983 und 1985 auf den E-4B-Standard umgerüstet und sind nun unter dem Kommando des SAC auf der Offutt Air Force Base in Nebraska stationiert. Bis 1991 war ständig eine Maschine in der Luft, mit der Auflösung der UdSSR wurde diese 24-Stunden-Bereitschaft aufgehoben. Eine E-4 steht heute ständig auf der Andrews Air Force Base bereit, im Fall eines Angriffs auf die Vereinigten Staaten den Präsidenten aufzunehmen und zu starten.

Andere Vorschläge von Boeing, wie zum Beispiel der einer 747 als fliegende Raketenstart-Plattform, wurden verworfen. 1974 gab es bei Boeing Studien für eine MC-747 (Missile-Carrier), die bis zu vier Interkontinentalraketen (ICBM) im Rumpf tragen sollte. Zum Start sollten die Raketen durch einen riesigen Bombenschacht aus großer Höhe abgeworfen und gezündet werden. Die Idee konnte sich aber nicht durchsetzen, da Cruise Missiles eine billigere und weitaus weniger verwundbare Alternative darstellten.

1974 veröffentlichte Boeing Pläne, die 747 als militärisches Frachtflugzeug anzubieten. Die 747MF (Military Freighter) genannte Maschine sollte aus dem zivilen 747-Frachter abgeleitet werden. Eine

Artist Impression der
geplanten Tanker /Cargo
747 für die USAF.

Reihe von Modifikationen sollte den Militärs diese 747-Version schmackhaft machen. Es war vorgesehen, die 747MF sowohl mit der seitlichen Frachttür (Side Cargo Door = SCD) als auch mit der hochklappbaren Nase auszurüsten. Bei einer Zuladung von 91 Tonnen sollte die Maschine noch über 8700 Kilometer Reichweite überbrücken, bei 113 Tonnen Zuladung sollte die Reichweite noch 6800 Kilometer betragen. Zum Entladen wäre die 747MF nicht auf bodengebundene Geräte angewiesen gewesen, da eine faltbare Rampe sowie ein hydraulisch verkürzbares Bugfahrgestell das Be- und Entladen erleichtert hätten. Die Berechnungen gingen damals davon aus, daß zwei Mann mit Hilfe eines bordeigenen Be- und Entladungssystems das Flugzeug in lediglich 22 Minuten hätten entladen können.

Die Fähigkeit der 747, eine große Zuladung über eine lange Strecke zu befördern, hätte sie eigentlich zum idealen Tankflugzeug machen müssen. Das glaubte auch Boeing und ließ den 747-Prototyp mit einem Tankausleger einer KC-135 unter dem Heck ausrüsten. Mit dem solchermaßen bestückten Flugzeug wurden im Sommer 1972 einige simulierte »trockene« Luftbetankungen durchgeführt, bei denen freilich kein Treibstoff an die an-

67

dockenden Maschinen übergeben wurde, da nur der Tankausleger, nicht aber die Treibstofftanks in der 747 installiert waren. Die Versuche wurden mit vier verschiedenen Flugzeugtypen aus USAF-Beständen durchgeführt. Ein strategischer Bomber B-52, ein strategischer Aufklärer SR-71, ein Jagdbomber FB-111 sowie ein Jagdflugzeug vom Typ F-4 Phantom II zeigten, daß es aerodynamisch keine Probleme gab, sehr nah mit der 747 in Formation zu fliegen.

Die amerikanischen Luftstreitkräfte verlangten aber eine Kombination aus beiden Varianten und gaben Mitte der siebziger Jahre eine Ausschreibung für ein »Advanced Tanker Cargo Aircraft (ATCA)« heraus. Die Boeing Aerospace Company reagierte mit dem Vorschlag, eine 747MF/T (Military Freighter/Tanker) zu konstruieren, die über eine beeindruckende Tankkapazität und gleichzeitig eine große Frachtkapazität verfügen sollte. Ab Ende 1975 wurde das vorgeschlagene Flugzeug der Ausschreibung entsprechend Boeing 747 Advanced Tanker/Cargo Aircraft genannt. Zwei leicht abzumontierende Tankausleger an den Flügelspitzen hätten die 747 in Verbindung mit dem Heckboom zum idealen Flugzeug zur Verlegung von USAF-Geschwadern in einem Krisenfall gemacht. Im Laderaum auf dem Hauptdeck hätte Personal und Fracht untergebracht werden können, während die verlegenden Flugzeuge bei Ferryflügen auch über große Entfernung mit Sprit hätten versorgt werden können. Fighter und Wartungspersonal wären zeitgleich auf ihrer neuen Basis eingetroffen. Trotz aller Bemühungen ging der ATCA-Auftrag Ende 1977 an die Konkurrenz aus Long Beach, die für die Air Force 60 aus der McDonnell Douglas DC-10-30 abgeleitete KC-10A Extender fertigte. Gegen die 747 hatte gesprochen, daß sie beim Start mit hoher Zuladung mehr Startbahnlänge benötigte als die KC-10 und damit von weniger Flugplätzen aus hätte operieren können. Die KC-10A Extender

schien der USAF trotz ihrer geringeren Frachtkapazität als der bessere Kompromiß.

Ganz auf die 747 als Transportflugzeug verzichten die amerikanischen Streitkräfte doch nicht. Unter der Bezeichnung C-19A ließ die USAF ab 1985 19 zivile Boeing 747 der Fluggesellschaft Pan American World Airways zu Combis umbauen. Sie erhielten die seitliche Frachttür, ein bordeigenes Be- und Entladesystem sowie einen verstärkten Kabinenboden. Nach dem Umbau flogen die Maschinen weiter in Pan Am-Lackierung im Airline-Dienst, als Teil der US Civil Reserve Air Fleet (CRAF), die nur in einem Krisenfall aktiviert wird. Dann werden die Maschinen von Reservisten geflogen, wie es beispielsweise während der Luftbrücke nach Saudi-Arabien während der Operationen »Desert Shield« und »Desert Storm« Ende 1990/Anfang 1991 der Fall war. Da die Umbauten das Leergewicht der Maschinen erhöhten und die Nutzlastkapazität verringerten, zahlte die Air Force Pan Am einen Ausgleich. Die Flugzeuge gehörten Pan Am bis zum Konkurs und trugen deswegen keine USAF-Bezeichnungen oder militärische Serial Numbers.

Größter militärischer Kunde für die Boeing 747 waren die kaiserlich-iranischen Luftstreitkräfte IIAF (Imperial Iranian Air Force), die 1975 auf Betreiben des Schahs zwölf gebrauchte Jumbo Jets von amerikanischen Airlines kauften und sie bei der Boeing Military Aircraft Company in Wichita/Kansas umbauen ließen. Alle zwölf Maschinen wurden mit einer seitlichen Frachttür bestückt und drei von ihnen erhielten sogar Boeing-Tankerbooms, mit denen es möglich ist, andere Flugzeuge in der Luft zu betanken. Noch vor seinem Sturz bestellte der Schah vier weitere 747 für seine Luftstreitkräfte, die ebenfalls in Wichita »militarisiert« wurden, bevor sie in den Iran geliefert worden sind. Ein Teil der Jumbo-Flotte wurde nach dem Machtwechsel im Iran mit zivilen Kennzeichen versehen und wird offiziell als Regierungsflugzeug weiterbetrieben.

Trockene Andockübungen an der 747 wurden 1972 mit verschiedenen Air Force-Maschinen durchgeführt, hier eine B-52.

Mindestens eine Maschine wurde an die nationale Fluggesellschaft Iran Air übergeben. Es ist dies die 747-2J9F mit der Registrierung EP-ICC, die 1978 mit dem militärischen Kennzeichen 5-8116 an die IIAF ausgeliefert wurde.

Eine Reihe weiterer Regierungen verwenden die 747 in einer quasi-militärischen Rolle, so zum Beispiel die japanische Regierung, die 1991 zwei 747-400 erhielt. Sie können in unterschiedlicher Konfiguration betrieben werden: Als VIP-Transporter für Regierungsmitglieder, als Relaisstation bei internationalen Rettungseinsätzen, Nothilfeaktivitäten und anderen Missionen. Betrieben werden die beiden japanischen VIP-Jumbos von einer »Special Air Transport Unit« der japanischen Selbstverteidigungskräfte.

Die 747 als VIP-Transporter

Fliegende Weiße Häuser

Die US Air Force hat neben den vier E-4B noch zwei weitere Flugzeuge im Inventar, die stark modifizierte 747 sind. Die VC-25 sind wohl die beiden teuersten Reiseflugzeuge, die bislang gebaut worden sind. Der Anlaß der ersten Reise des amerikanischen Präsidenten George Bush mit einem seiner beiden neuen Dienstflugzeuge vom Typ Boeing 747-2G4B war hochrangig: Anfang September 1990 jettete er an Bord der nagelneuen »Air Force One« zu einem Gipfeltreffen mit dem damaligen sowjetischen Staatsoberhaupt Michail Gorbatschow in die finnische Hauptstadt Helsinki.

Eigentlich wollte George Bushs Vorgänger Ronald Reagan, in dessen Amtszeit die beiden »fliegenden Weißen Häuser« am 5. Juni 1986 bestellt wurden, den Premierenflug nutzen, um nach Ablauf seiner Amtszeit von Washington direkt in den Ruhestand nach Los Angeles zu fliegen. Doch der Plan mißlang, da die erste Air Force One wegen der vielen Sonderwünsche des Weißen Hauses erst mit zwanzigmonatiger Verspätung im August 1990 auf ihrem Heimatflugplatz, der Andrews Air Force Base bei Washington, ankam. Mit der militärischen Bezeichnung VC-25A versehen die beiden modifizierten 747-200B ihren Dienst bei der 89th Military Airlift Wing. Sie haben bei der USAF die Serial Numbers 82-8000 und 92-9000, während sie bei Boeing mit den Seriennummern 23824 und 28235

ausgestattet wurden. Umgangssprachlich werden sie Air Force One genannt, obwohl die Besatzungen der Maschinen den Namen nur dann als Funkrufzeichen verwenden dürfen, wenn tatsächlich der amerikanische Präsident an Bord ist.

Nachdem sich Boeing gegen die harte Konkurrenz von McDonnell Douglas durchsetzen konnte und den Auftrag der Air Force erhielt, wurden die beiden Maschinen in Everett gebaut, wo die erste Air Force One im September 1989 Rollout feierte und sich nach umfangreichsten Bodentests am 26. Januar 1990 zum Jungfernflug in die Luft erhob. Piloten dieses Fluges waren Boeings Testpilot Paul Bennett und der Air Force-Major Ray Johns. Zu den Tests am Boden gehörten unter anderem ausgedehnte Dichtigkeitsprüfungen der Druckkabine, da das Flugzeug über einige Türen mehr verfügt als eine kommerzielle 747 in der Passagerversion. Außerdem ist die Air Force One im Gegensatz zu ihren zivilen Gegenstücken im Oberdeck auf der linken Seite fensterlos und rechts sind auch nur zwei Fenster zu sehen.

Anschließend wurden die beiden Flugzeuge zum Boeing Military Airplanes Modification Center nach Wichita im US-Bundesstaat Kansas überführt, wo Boeing sie umbaute und die verschiedenen zusätzlichen Systeme integrierte.

Angetrieben von vier General Electric CF6-80C2B1-Turbofan-Triebwerken (Air Force-Bezeich-

VC-25A, die US-Präsidentenmaschine, über dem Mount Rushmore in South Dakota.

nung: F103-GE102) mit jeweils 56 750 Pfund (252,2 kN) Schub erzielen die Maschinen mit ihrem Treibstoffvorrat von 202 650 Litern eine Reichweite von 6200 nautischen Meilen (11 482 Kilometer). Die in Wichita zwischen Radarnase und Cockpitverglasung installierte Luftbetankungseinrichtung erlaubt dem Präsidenten-Jumbo eine theoretisch unbegrenzte Reichweite. Praktisch wird die Reichweite allerdings von dem Schmierstoffvorrat in den Triebwerken und dem Erschöpfungszustand der Besatzungen begrenzt, die aber über einen eigenen Ruheraum verfügen.

Für Langstreckenflüge können die Flugzeuge bis zu einem maximalen Abfluggewicht von 364 232 kg beladen werden. Trotzdem benötigen die Maschinen etwa 35 Prozent weniger Lande- und Startstrecke als die alten Präsidentenmaschinen vom Typ Boeing 707 (militärische Bezeichnung: VC-137C) bei identischen Missionen.

Insgesamt 70 Passagiere finden neben den 23 Besatzungsmitgliedern Platz im neuen Regierungsflugzeug. Für den Präsidenten und die First Lady ist eine eigene Suite mit Büro, Dusche und eigener Toilette eingerichtet worden. Zusätzlich gibt es einen Konferenzraum, der schnell zum Eßzimmer verwandelt werden kann, einen Ambulanzraum für medizinische Notfälle sowie Arbeits- und Ruheräume für Berater und Journalisten. Zwei Küchen mit einer Kapazität von je 50 Mahlzeiten verarbeiten die vorbereiteten 2000 Mahlzeiten, die im Frachtraum mitgenommen werden können. Dort hat auch zusätzliche elektronische Ausrüstung ihren Platz sowie ein autonomes Frachtladesystem.

Die Hauptunterschiede zwischen den Serien-747 und den VC-25A liegen jedoch im Inneren verborgen. So haben die beiden Air Force One jeweils nicht weniger als 85 abhörsichere Telefone, 19 Fernsehmonitore und elf Videorekorder an Bord, die von drei hochrangigen US Air Force-Kommuni-

kationsspezialisten bedient werden. Zusätzlich sind Computer an Bord, die Nachrichten ver- und entschlüsseln können. Die elektronische Ausrüstung wurde von den Firmen E-Systems und Rockwell Collins geliefert. Für eine sichere Verbindung mit der Außenwelt sorgen nicht weniger als 57 Antennen.

Die umfangreichen Kommunikationseinrichtungen an Bord erlaubten eine Beschleunigung des zweiteiligen Flugtestprogramms, da nach der Integration der Datenübertragungsanlagen viele Testparameter in Echtzeit an die Bodenstation übertragen werden konnten. Don O'Connor, Boeings Air Force One Test Manager schilderte die Vorteile: »Bei vielen Testprogrammen fliegt man erst einmal das Flugzeug, sammelt die Daten auf einer Computer-Speichereinheit, überspielt die Daten anschließend der Auswertestation und wartet dann auf die Ergebnisse. Bei der Air Force One mit ihrer Rechnerkapazität konnten wir einen Großteil der Arbeit an Bord und in Echtzeit erledigen.«

Getestet wurden die Maschinen übrigens noch in einem grünen Korrosionsschutzanstrich. Die offizielle Lackierung mit weißem Rumpfrücken und hellblau-silbernem Bauch sowie einem dunkelblauen Streifen an beiden Rumpfseiten und einem dunkelblauen, oberen Rumpfvorderteil bekamen beide Maschinen erst kurz vor der Abgabe an die USAF. Das US-Hoheitsabzeichen sowie der Schriftzug »USAF« sind eher versteckt am Rumpfheck beziehungsweise auf der Oberseite der rechten Tragfläche angebracht. An prominenter Stelle, zu beiden Seiten des Rumpfes steht: United States of America. Die amerikanische Flagge ist beidseitig in überdimensionaler Größe am Seitenleitwerk angebracht. Vor den Tragflächen am Rumpf befindet sich das offizielle Amtssiegel des amerikanischen Präsidenten. Die Farbgebung der Air Force One lehnt sich stark an die der Boeing 707 von John F. Kennedy an.

Der Jumbo ist in der Luft. Tiefe Wolken und schlechtes Wetter hätten den Erstflug am 9. Februar 1969 beinahe noch verhindert.

Mitte der siebziger Jahre schickte Boeing die 747 ins Rennen um den USAF-Auftrag für ein Tank- und Frachtflugzeug. Dazu wurden verschiedene trockene Betankungsversuche mit USAF-Flugzeugen gemacht. Hier nähert sich eine F-111 dem Tankausleger.

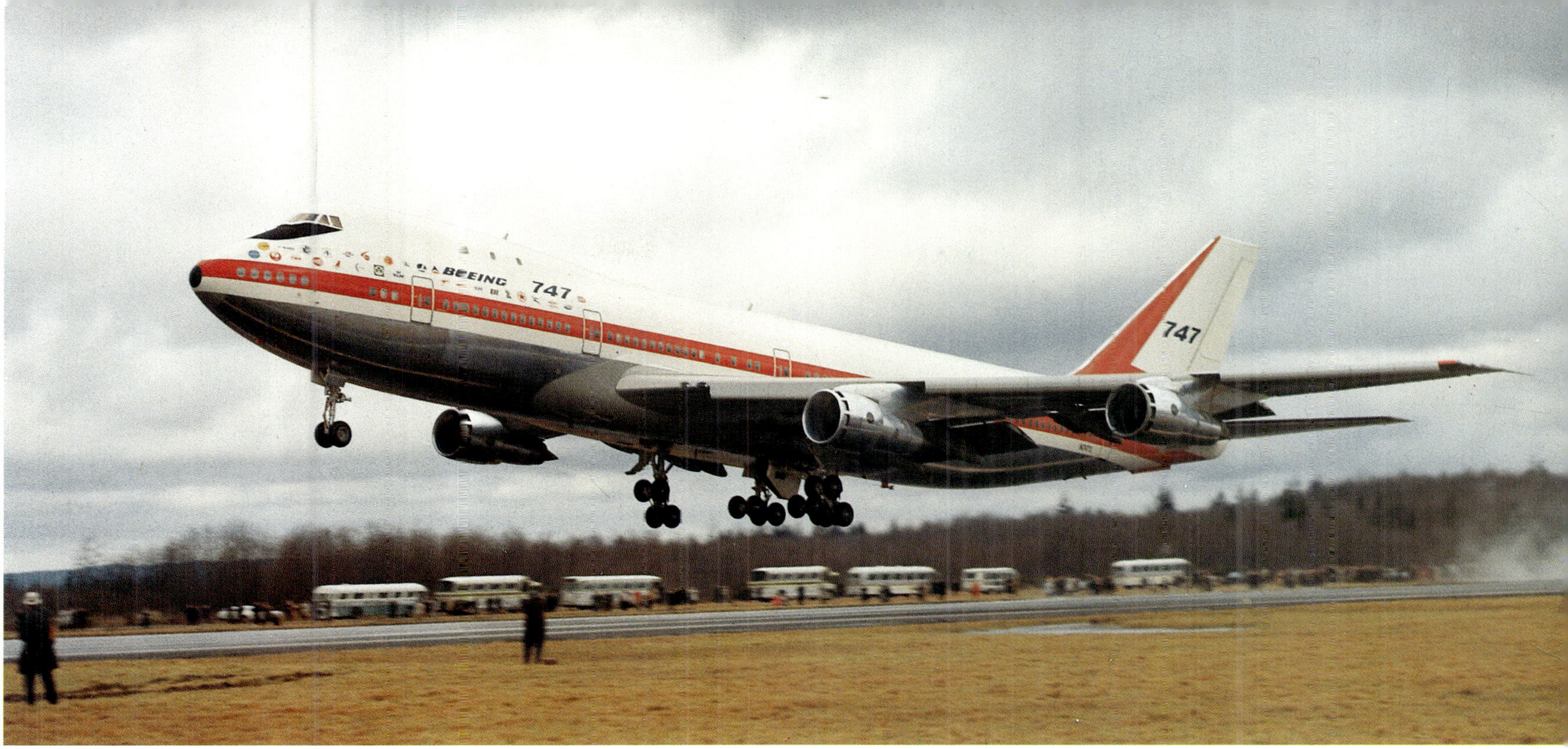
BOEING
747
747

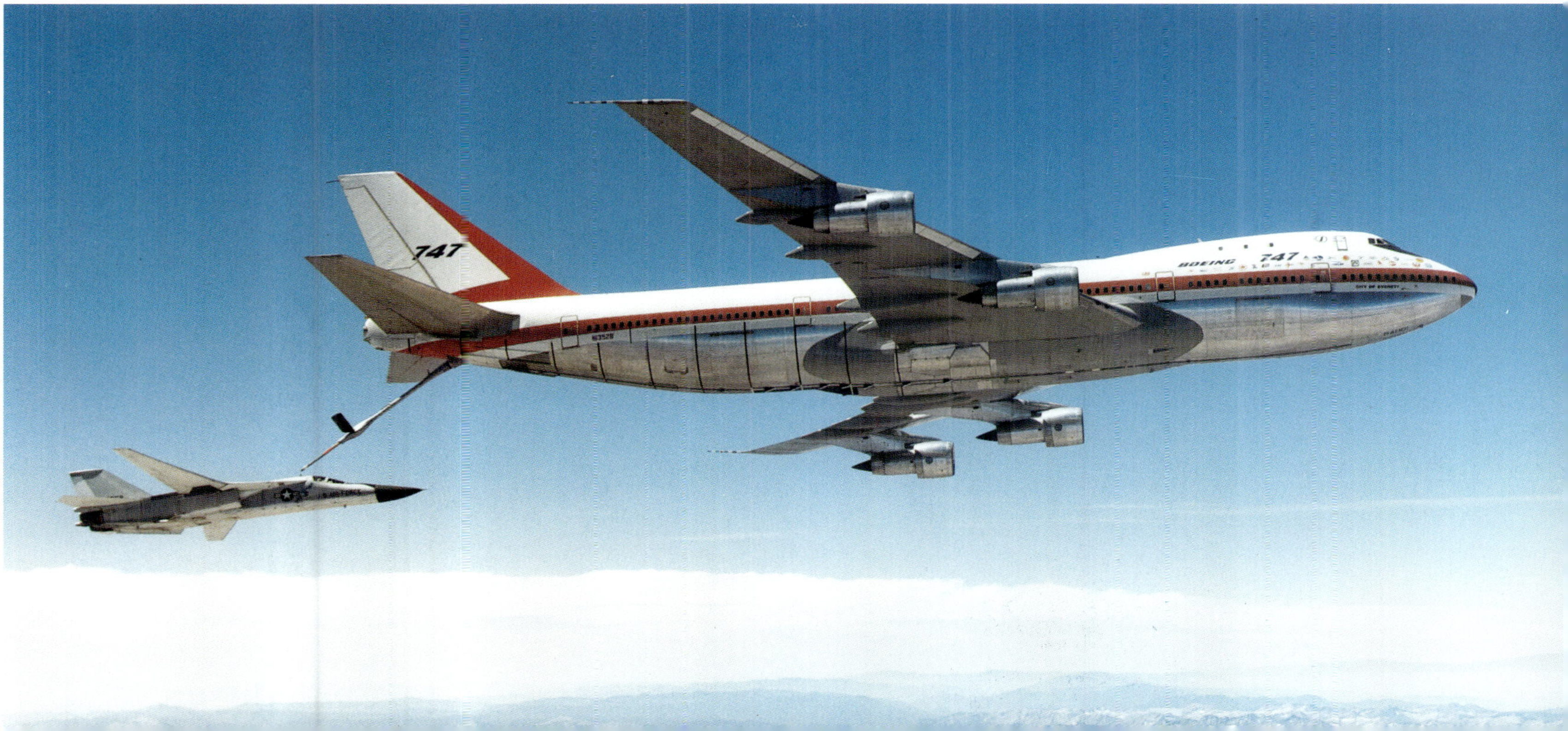
747
BOEING
747

Die syrische Syrianair stellte 1976 zwei 747SP in ihren Dienst, um Strecken von Damaskus nach London und andere europäische Städte zu eröffnen.

Zu den teuersten 747-200, die je gebaut wurden, gehört die als VC-25A im USAF-Inventar geführte Präsidentenmaschine. Und der US-Präsident hat gleich zwei davon...

Das beeindruckende Hauptdeck eines 747-Frachters. Die Deckenverkleidung wurde aus Gewichtsgründen weggelassen.

Blick in die Endmontagehalle in Everett, wo neben den 747-400 auch die 767 und in Zukunft die 777 zusammengebaut werden.

747-200F, die letzte. Mit der Auslieferung der 747-200F an Nippon Cargo Airlines im November 1991 lief die Produktion der Baureihe -200 aus.

Mit ausgefahrenen Klappen setzt die erste 747-400 nach einem Erprobungsflug im Abendlicht zur Landung an. Hinter dem Seitenleitwerk hängt eine Sonde zur Luftdruckmessung an einem ausfahrbaren Kabel.

Die drei größten 747-Kunden sind hier auf dem Vorfeld in Everett vertreten: Japan Airlines mit zwei, die Deutsche Lufthansa und British Airways mit je einer nagelneuen 747-400, die zur Abholung bereitstehen.

◄

►

Bei der Auslieferung dieser 747-400 flog der Pilot die Strecke von Seattle nach Bangkok nonstop. Die Entfernung zwischen beiden Städten beträgt 12572 km und wurde in 15 Stunden und fünf Minuten bewältigt.

Seltener Anblick: Zwei nagelneue 747-400 der British Airways im Parallelflug.

JAL
Japan Airlines
JAL
JAL

BRITISH AIRWAYS
BRITISH AIRWAYS
G-BNLC

Die Verdrahtung in der VC-25A ist mit 385 Kilometer Kabel knapp doppelt so lang wie in einer normalen 747, die es auf rund 217 Kilometer Kabel bringt. Selbstredend sind sämtliche Leitungen gegeneinander und gegen zerstörerische elektromagnetische Impulse abgeschirmt, die eventuell durch eine nukleare Explosion in großer Höhe ausgelöst werden könnten.

Um auch am Boden unabhängig zu bleiben, haben die VC-25A ihre eigenen Fluggasttreppen an Bord und verfügen über eine zweite Hilfsgasturbine vom Typ Garrett GTCP331-250P (wie »presidential«) im Rumpfheck für die Energieversorgung.

Gut gerüstet gegen potentielle Angriffe vom Boden und aus der Luft sollen die VC-25A auch sein. Abwehrsysteme wie Kartuschenwerfer gegen hitzesuchende und Störsender (sogenannte »jammer«) gegen radargelenkte Raketen gehören zum unveröffentlichten und nicht bestätigten Arsenal der beiden Luxus-Jumbos.

Den amerikanischen Steuerzahler kosteten allein die beiden Maschinen, die Ronald Reagan auf Drängen eines Ausschusses beschaffte, in dem Sicherheitsberater, Generäle und Geheimdienstler vertreten waren, stolze 262 Millionen Dollar. Rechnet man noch den neuen Hangar auf der Andrews Air Force Base für 50 Millionen Dollar und Ersatzteile für 100 Millionen Dollar hinzu, mußte die US-Regierung für die fliegenden High-Tech-Paläste 412 Millionen Dollar auf den Tisch legen.

Boeing kosteten die beiden Maschinen noch mehr, denn 1986 ging das Unternehmen einen Festpreisvertrag ein, nicht ahnend, welche Änderungen im Laufe des Programms auf die Firma zukommen sollten. Nach Insider-Schätzungen dürften beide Maschinen Boeing 650 Millionen Dollar gekostet haben, ein Verlust von rund 400 Millionen Dollar also. Aber der Prestigegewinn, das Flugzeug des US-Präsidenten zu stellen, war dem Unternehmen sicher den Verlust wert.

1990 wurde im Boeing-Werk Everett, wo die 747 und 767 endmontiert werden, auch nachts gearbeitet, wie das hell erleuchtete Vorfeld beweist.

81

747-200-Produktion läuft aus

Erfolgsmodell

Am 19. November 1991 holte eine Crew der japanischen Frachtfluggesellschaft Nippon Cargo Airlines eine nagelneue 747-200F in der Frachtversion in Everett ab. Eigentlich ein alltäglicher Vorgang, sollte man meinen. Doch diese Maschine war eine Besonderheit: Sie war das 393. und letzte Exemplar der Baureihe -200. Seit dem Rollout der ersten -200B am 10. September 1970 hatte die Boeing Commercial Airplane Group 21 lange Jahre dieses Flugzeugmuster gefertigt, am 19. November 1991 wurde die letzte 747-200 abgeliefert.

Nach Angaben von Boeing sind die 393 Maschinen in sechs Versionen an 58 Kunden auf allen sechs Kontinenten geliefert worden. 223 Maschinen wurden als reine Passagierflugzeuge hergestellt, 73 waren Frachter (denen ein eigenes Kapitel in diesem Buch gewidmet ist), 73 kamen als 747-200B Combis zur Auslieferung. Das heißt, die Flugzeuge konnten sowohl Fracht als auch Passagiere auf dem Hauptdeck transportieren. 13 747-200 wurden als sogenannte Convertibles bestellt, Maschinen, die man binnen kurzer Zeit von einem Passagier- zu einem Frachtflugzeug umrüsten kann. Vier -200 kaufte die US Air Force, um sie zu »E-4 Advanced Airborne Command Post« umzurüsten. Die beiden noch fehlenden Flugzeuge gingen ebenfalls an die US Air Force, wo sie als VIP-Transporter den amerikanischen Präsidenten oder andere hochgestellte US-Regierungsmitglieder durch die Gegend jetten.

Um die korrekte Bezeichnung der 747-200B gibt es ein wenig Verwirrung. Die ersten Jumbo Jets hießen nur 747. Die weiterentwickelte Version mit größerer Reichweite und einem erhöhten Abfluggewicht wurde von Boeing bereits im November 1968 angekündigt – also vor dem Erstflug des 747-Prototyps – und 747B genannt. Dies hätte eigentlich voraussetzen müssen, daß es eine 747A gäbe. Gab es aber nicht. Denn die Ursprungs-747 wurden von Boeing seit Anfang der siebziger Jahre als 747-100 geführt. Die 747B wurde entsprechend 747-200B. Reine 747-200 ohne weitere Buchstaben in der Bezeichnung gab es nicht. Pech für alle, die es übersichtlich lieber, daß im September 1977 noch eine modifizierte Version der 747-100 angekündigt wurde, die 747-100B hieß. Von ihr wurden nur zehn Exemplare gebaut, Erstbesteller war der iranische Flag Carrier Iran Air, obwohl die erste 747-100B am 21. Dezember 1978 an All Nippon Airways ging.

Die 747-200B als reines Passagierflugzeug ist die weitverbreiteste Version der 200er-Serie. Sie hat mit bis zu 550 Fluggastsitzen die gleiche Passagierkapazität wie die 747-100. Aber sie hatte von Beginn an ein erhöhtes Abfluggewicht von 351540 Kilogramm, das später sogar auf über 377840 kg gesteigert wurde. Die äußeren Dimensionen der

-200B entsprachen denen einer 747-100: Länge 70,66 m, Spannweite 59,64 m, Höhe 19,41 m, Spannweite des Höhenleitwerks 22,17 m. Die meisten 747-200B sind leicht von der 747-100 zu unterscheiden, denn sie haben im Oberdeck zehn Fenster im Gegensatz zu den drei Fenstern der -100. Aber auch hier gibt es Ausnahmen: Frühe 747-200B verfügen nämlich noch über drei Fenster im Oberdeck. Zum Jungfernflug hob die 747-200B am 11. Oktober 1970 ab. Die ergänzende Musterzulassung wurde am 23. Dezember 1970, einen Tag vor Weihnachten, von der FAA überreicht. Im Rahmen der Zulassung flog die damals noch als 747B betitelte Maschine einen Weltrekord, als sie mit einem Gewicht von 372 269 kg startete. 227 117 kg des Gesamtgewichts waren Treibstoff und Nutzlast, inklusive des mehrere Tonnen schweren Flugtestinstrumentariums. Die niederländische KLM übernahm 15. Januar 1971 die erste

Maschine dieses Musters und stellte sie fünf Monate später, im Juni 1971, auf Langstreckenflügen ab Amsterdam in den Dienst.

Eine Besonderheit stellen die dreizehn 747-200C dar. Das C in der Bezeichnung steht für Convertible, auf deutsch: verwandelbar. Die 747-200C können als reines Passagier-, als reines Frachtflugzeug oder als Combi konfiguriert werden. Durch den Umbau kann die Fluggesellschaft die Maschine dem saisonalen Verkehrsaufkommen anpassen. Die Convertibles haben die hochklappbare Nase und das Frachthandlingsystem der 747-200F. Allerdings ist die Nase mit fünf Fenstern auf jeder Seite versehen, denn die Passagiere der First Class, die normalerweise vorne im Flugzeug sitzen, wollen auch in den Convertibles nach draußen blicken. Über das Cargohandlingsystem können bei Bedarf Abdeckplatten gelegt und Passagiersitze installiert werden. Als Combi bietet die 747-

Die Baureihe 747-200B – hier die D-ABYR der Lufthansa – ist an den zehn Fenstern auf dem Oberdeck sehr leicht zu identifizieren.

Singapore Airlines hat sich mit seiner Widebody-Flotte als Qualitäts-Carrier auf dem Markt etabliert.

747-200B des griechischen Flag Carriers Olympic Airways.

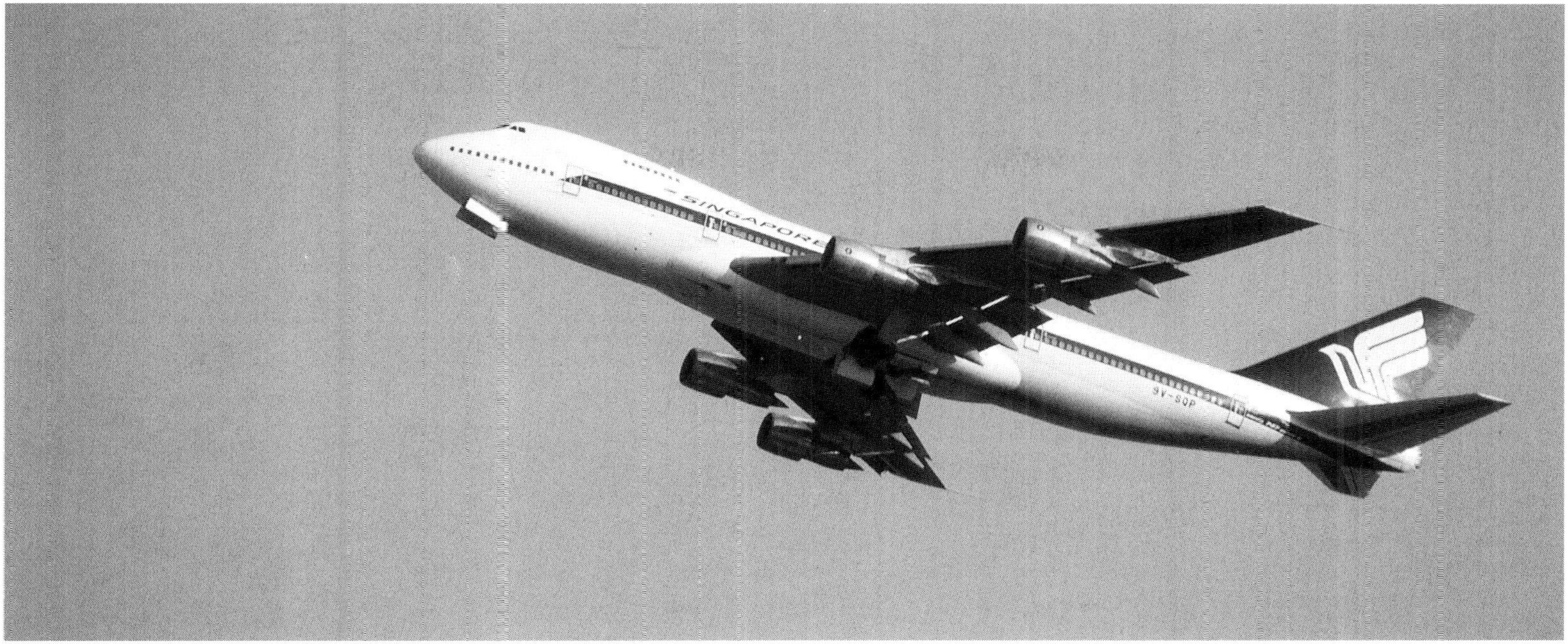

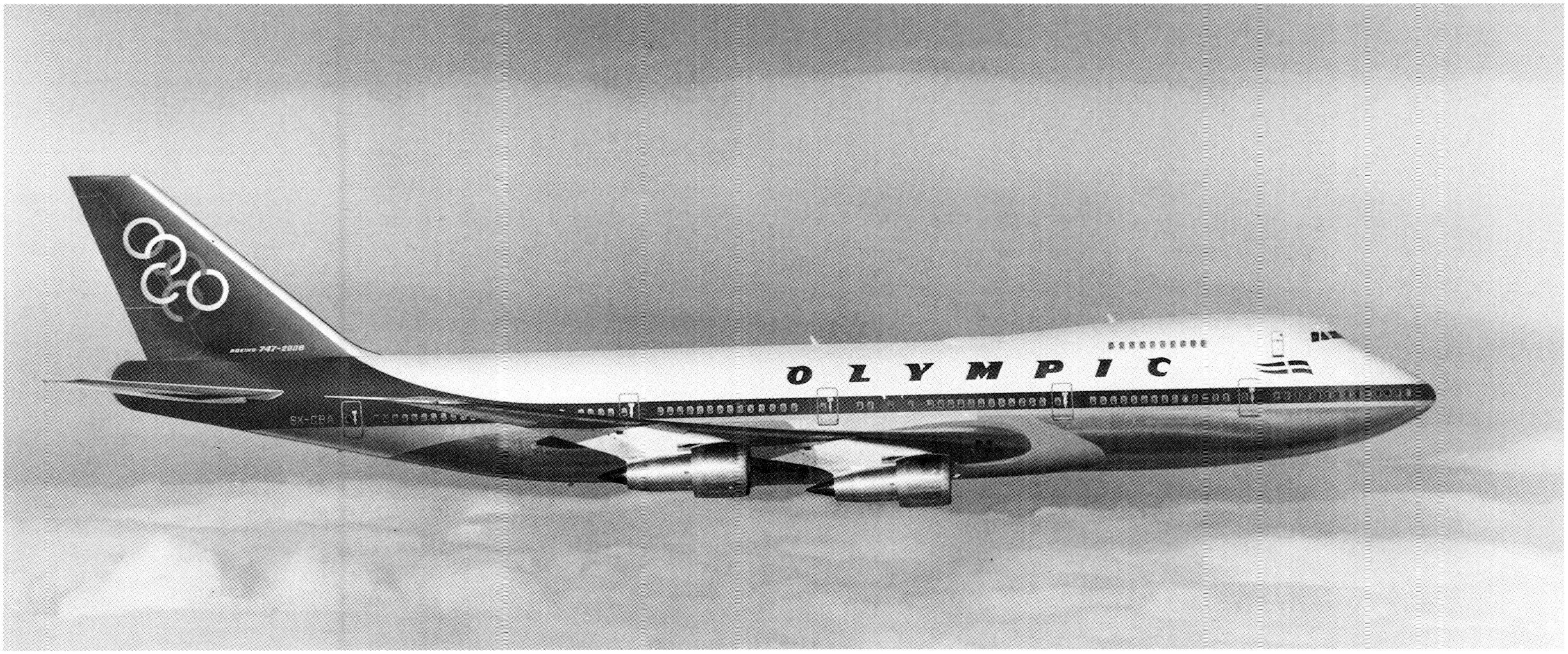
OLYMPIC

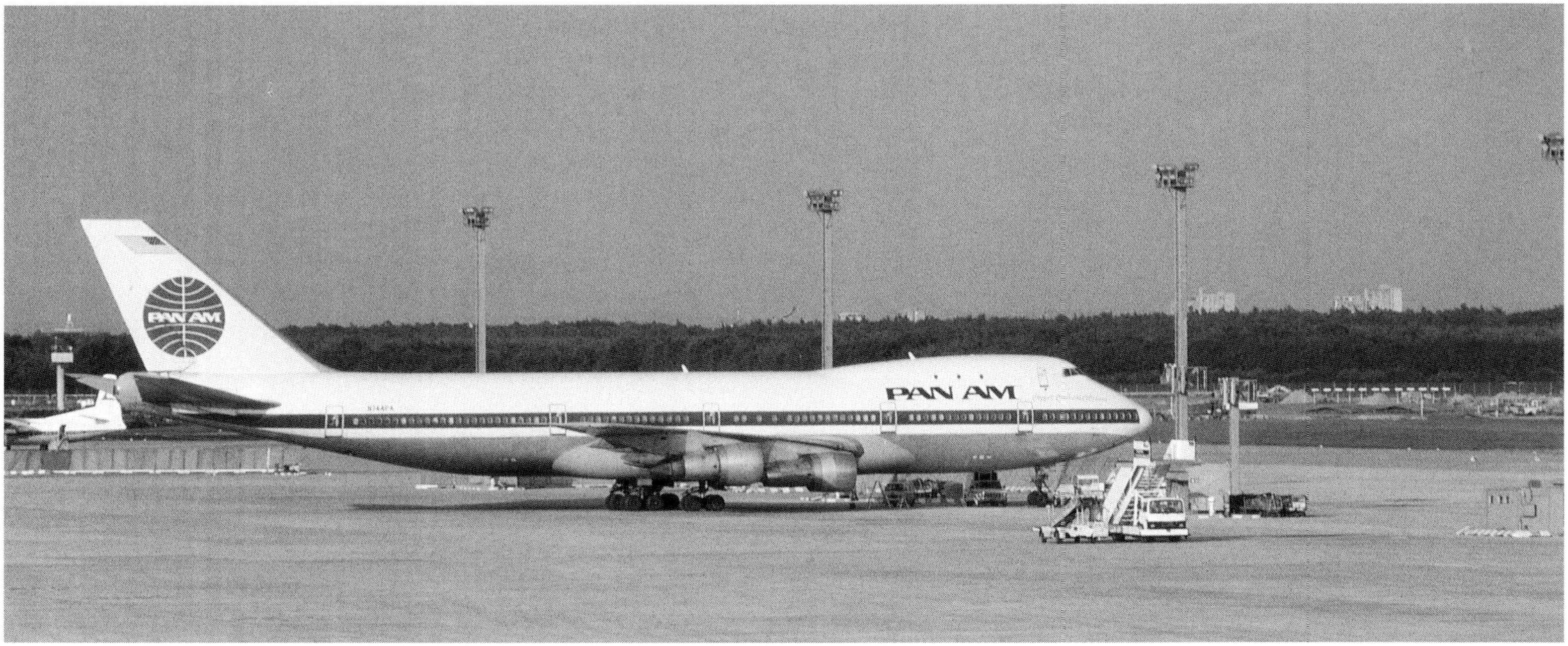
PAN AM
PAN AM

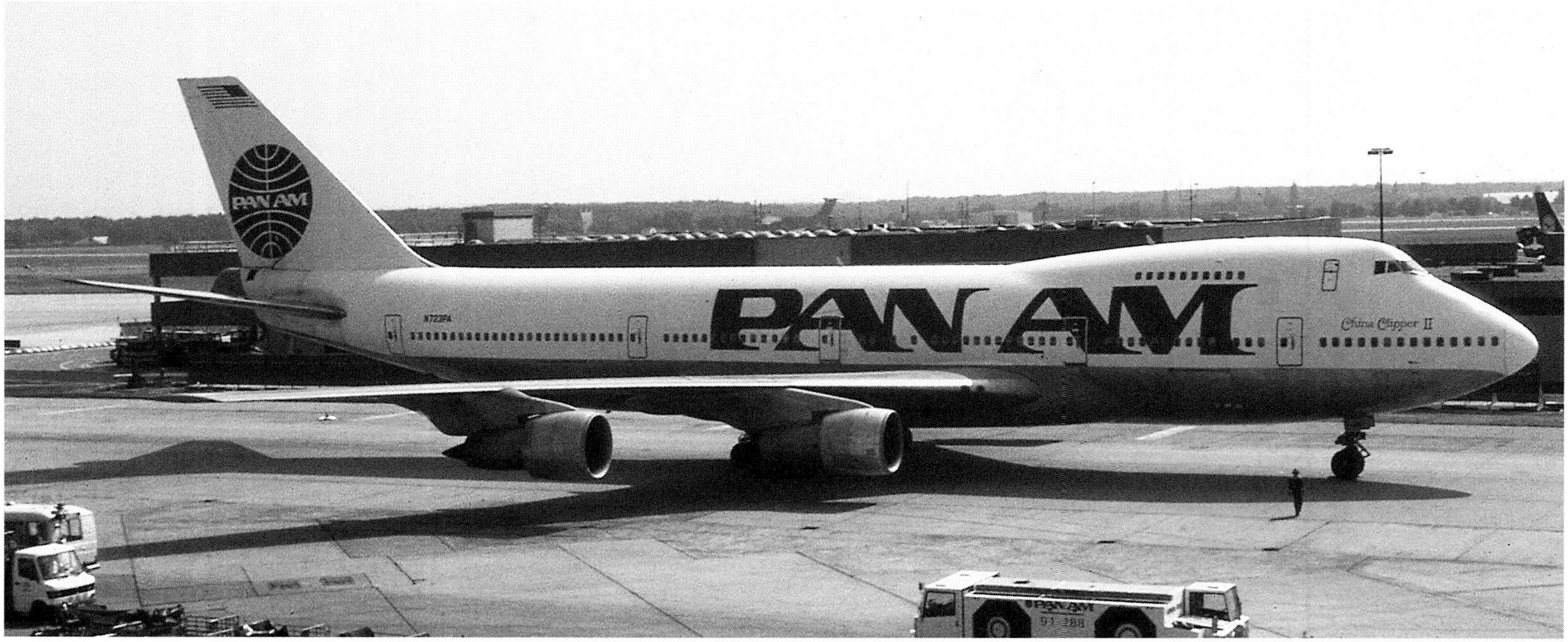
PAN AM
N723PA
PAN AM
China Clipper II

Zwei 747 der Pan Am:
eine in der traditionellen
Lackierung...

...und eine in der moder-
neren Bemalung mit dem
riesigen Pan Am-Schrift-
zug.

Boeing 747-237B der Air
India mit am Gate in
Frankfurt.

Dieselbe Maschine
beim Take-off.

200C fünf verschiedene Einbauvarianten für die Verteilung von Fracht und Passagieren auf dem Hauptdeck an. Die maximale Passagierzahl, die der Wandel-Jumbo befördern kann, liegt bei 500, auch ist die Frachtkapazität etwas geringer als bei der 747-200F, aber das ist der Preis, den die Fluggesellschaften für die erhöhte Einsatz-Flexibilität bezahlen müssen.

Die US-Charter-Airline World Airways unterschrieb am 27. März 1972 den ersten Kaufvertrag für eine 747-200C und erhielt das Flugzeug nach der Zulassung (24. April 1973) am 30. April 1973. Maximales Startgewicht der 747-200C sind 377 840 kg. Convertibles haben kein besonderes Interesse bei den Fluggesellschaften hervorgerufen. Lediglich 13 konnte Boeing bis 1988 an fünf Airlines verkaufen. Nachfolgend sind alle 13 Boeing 747-200C mit den Gesellschaften aufgelistet, die sie als erste betrieben:

Flugzeug:	Boeing c/n:	Airline:	1.Kenn-zeichen:	Erstflug:
747-273C	20651	World Airways	N747WA	23.03.73
747-273C	20652	World Airways	N748WA	25.04.73
747-273C	20653	World Airways	N749WA	02.05.74
747-270C	21180	Iraqi Airways	YI-AGN	27.05.76
747-270C	21181	Iraqi Airways	YI-AGO	21.06.76
747-258C	21190	El Al	4X-AXD	22.10.75
747-258C	21594	El Al	4X-AXF	07.06.78
747-271C	21964	Transamerica	N741TV	30.11.79
747-271C	21965	Transamerica	N742TV	08.03.80
747-270C	22366	Iraqi Airways	YI-AGP	25.06.80
747-271C	22403	Transamerica	N743TV	01.05.81
747-21AC	23652	Martinair Holland	N6038E	05.02.87
747-21AC	24134	Martinair Holland	N6009F	15.09.88

Als Antrieb wählten Iraqi Airways, El Al und World Airways das Pratt & Whitney JT9D-7, Transamerica und Martinair Holland entschieden sich für das

Die Flugzeuge der South African Airways tragen wie diese 747-244B Combi auf der einen Seite des Rumpfes den Airline-namen in Englisch, auf der anderen in Afrikaans.

Die 747-200C weisen Fenster in der aufklapp-baren Nase auf.

Die 747-200 Convertibles können als Frachter, als Passagierflugzeug oder als Combi eingesetzt werden.

Der Billigcarrier PeoplExpress beflog mit gebrauchten 747 die Nordatlantikroute.

WORLD

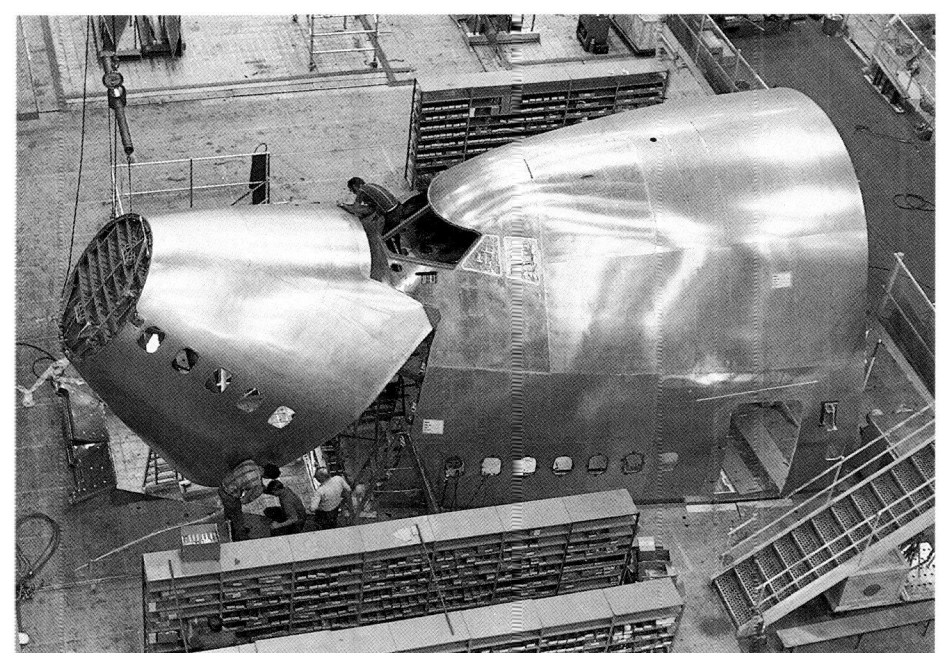

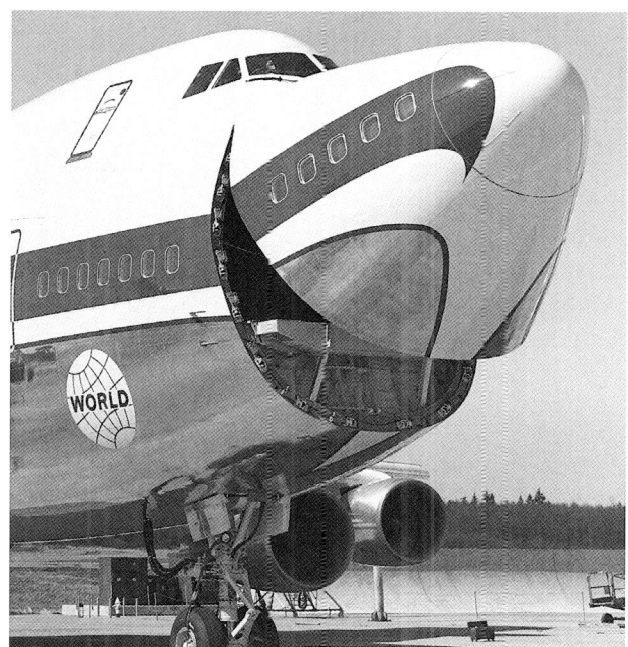

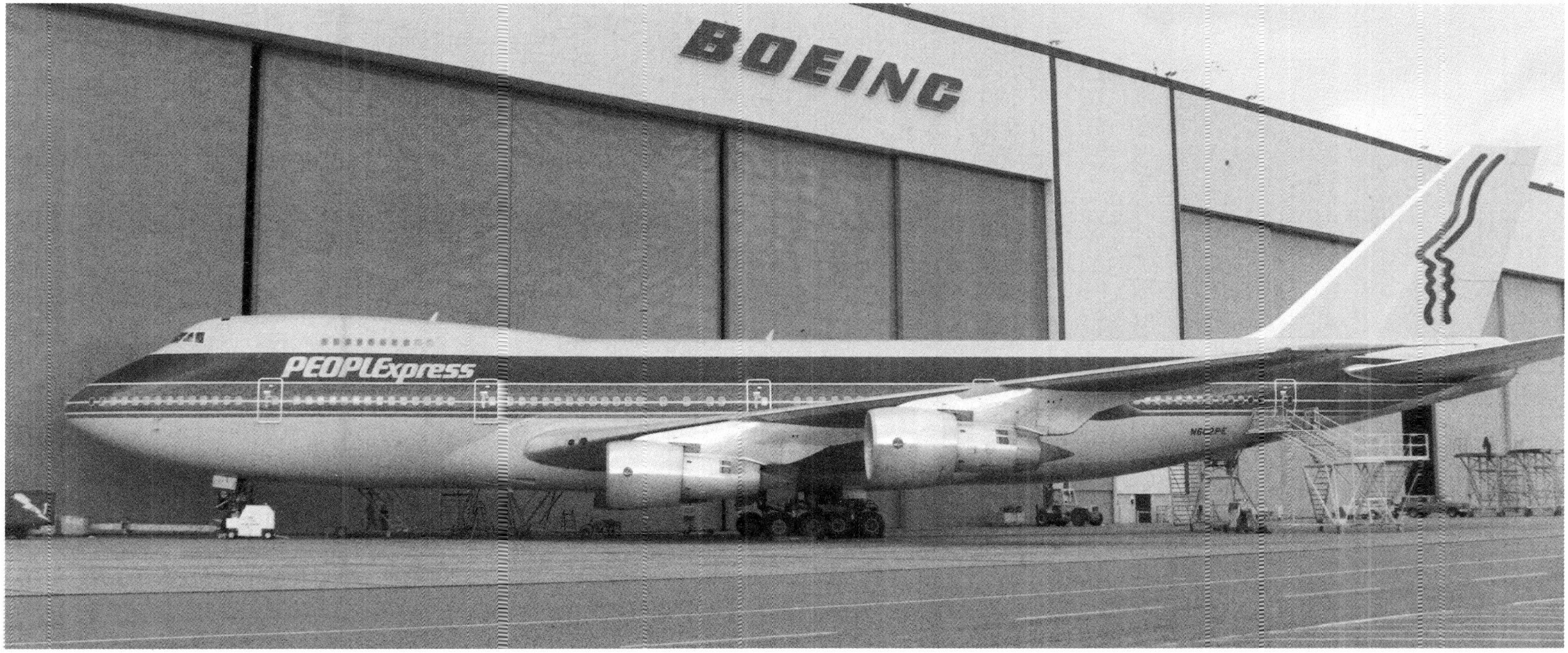
BOEING
PEOPLExpress

General Electric CF6-50E2. Rolls-Royce-Antriebe kamen bei den 747-200C nicht zur Anwendung.

Etliche Airlines kauften ihre 747 als Passagierflugzeuge, um sie später mit einer seitlichen Frachttür auszurüsten. Dies erlaubte den Gesellschaften, das Flugzeug als Passagiermaschine, als Combi oder als reines Frachtflugzeug einzusetzen. Boeing bezeichnete solche Maschinen als 747-100M oder entsprechend 747-200M, je nachdem welchem Modell die Modifizierung widerfuhr. Die erste von Boeing modifizierte 747 – eine Maschine der Baureihe 100 – war für die belgische Airline SABENA bestimmt und wurde im Februar 1974 abgeliefert. Boeings Wichita Division in Wichita im US-Bundesstaat Kansas, führt die Umbauten aus. Daneben hat sich auch die Bedek Aviation aus Israel auf den Umbau von Jumbo Jets spezialisiert und unter anderem mehrere Maschinen der Lufthansa zu Frachtern umgebaut, die nun von der Lufthansa-Tochter German Cargo Services betrieben werden. Ab Fabrik mit der seitlichen Frachttür ausgerüstete 747-200 firmieren unter der Bezeichnung 747-200B COMBI. Die erste Maschine dieser Version (Boeing-Werknummer 20977) ging als Boeing 747-233B COMBI mit dem Kennzeichen C-GAGA am 7. März 1975 an Air Canada, nachdem sie zwischen dem Erstflug am 18. November 1974 und der Auslieferung von Boeing getestet wurde.

Die Endmontagehalle in Everett: Hier entstanden 393 Jumbos der Baureihe -200.

Die 747 als Frachtmaschine

Klappschnauze

Es gibt fast nichts, was nicht schon mit Frachtflugzeugen befördert wurde. Leicht verderbliche Waren wie Lebensmittel, Schnittblumen oder Medikamente sind mittlerweile Normalität auf den Frachtstationen der internationalen Flughäfen. Tiertransporte erregen auch keine besondere Aufmerksamkeit mehr, egal ob es sich um Tausende von Küken für Ägypten, Pandabären für den Berliner Zoo oder um die Pferde der internationalen Olympiamannschaften handelt. Sie alle reisen per Flugzeug und nicht selten per Jumbo Jet. Den Medien der Erwähnung wert sind heute nur wirklich außergewöhnliche Frachten wie zum Beispiel ein U-Boot, das zu einer Expedition geflogen wurde, Satelliten, die zu den Startplätzen Cape Canaveral oder Kourou in Französisch Guayana befördert werden, oder das zweipropellerige Jagdflugzeug Dornier 335, das aus den USA per Lufttransport zur Restaurierung nach Deutschland gebracht wurde. Hier wurde ein Flugzeug also selbst zur Luftfracht.

Mit der Boeing 747 in der Cargoversion hatten die Fluggesellschaften erstmalig die Möglichkeit, großvolumige und schwere Frachten zu transportieren, die vorher nur militärischer Frachtflugzeugen wie der Lockheed C-5A oder der C-141 Starlifter vorbehalten waren. Vom Boeing-Werk gebaut wurde bislang nur die 747-200F, die 747-400F ist im Bau – auf sie wird später gesondert eingegangen.

Fracht-Jumbos der Version 747-100F wurden von Boeing nicht hergestellt, es handelt sichbei diesen Maschinen ausnahmslos um zu Frachtern umgebaute Passagier-Jumbos.

Der grundlegende konstruktive Aufbau der Fracht-747 entspricht dem der Passagier-747 beide werden auf der gleichen Endmontagelinie gefertigt. Hervorstechendste Merkmale der Frachtversion sind die fehlenden Fenster im Rumpf sowie die hochklappbare Nase, durch die ein einfaches Be- und Entladen des Hauptdecks möglich ist. Sie ist unterhalb des Cockpts befestigt und klappt elektrisch angetrieben nach vorne oben auf. Das Öffnen und Verriegeln dauert rund 90 Sekunden und kann von zwei Kontrollpanels aus gesteuert werden. Bei Bedarf ist eine manuelle Öffnung der Frontladetür möglich. Eine der beiden Nose Door Controls ist in der Lademeisterstation integriert, die andere befindet sich am Bugfahrwerk.

Bei Tests zur Zulassung der 747-200F wies Boeing nach, daß die Rumpfnase noch bei Windgeschwindigkeiten von 40 Knoten (74 km/h) geöffnet werden kann und offen und verriegelt einem Wind von 65 Knoten (120 km/h) standhält. Obwohl es in der Praxis nicht üblich ist, kann der 747-Frachter selbst mit geöffneter Rumpfnase rollen oder gezogen werden. Bei näherem Hinschauen wird dem Betrachter auffallen, daß der Cargo-Jumbo nur noch die beiden vorderen der beim Passagierjumbo üb-

Das Flugzeug im Flugzeug: 1974 reiste eine Dornier 335 im Jumbo-Frachter von New York nach Frankfurt.

lichen zehn Einstiegstüren auf dem Hauptdeck hat. Als Option bot Boeing eine seitliche Frachttür im hinteren Rumpfbereich ein, die ein simultanes Laden von vorne und hinten ermöglichte und so die Bodenzeiten des Flugzeuges verringerte.

Der Hauptfrachtraum der 747-200F ist beeindruckende 56,39 Meter lang und 5,92 Meter breit. Vom verstärkten Boden bis zur Decke mißt er unter dem Oberdeck 2,54 Meter. In ihn passen Standard-Container mit einer Breite und Höhe von acht Fuß (2,43 m) und einer Länge von bis zu 40 Fuß (12,20 m) oder jedwede Fracht auf Paletten oder ein Mix von beiden. Im hinteren Frachtraum können durch die optionale Side Cargo Door sogar Lasten bis zu einer Höhe von 3,05 m geladen werden. Das Laden der Fracht wird durch ein Cargo-Handling-System vereinfacht, das von einer zentralen Loadmaster-Station links innen im Bug sowie 34 Loader Control Stations auf dem Hauptdeck bedient wird. Sollte die Rumpfnase nicht richtig geöffnet sein, läßt sich das Cargo Handling System nicht aktivieren. Ein weiterer Vorteil des Cargo Handling Systems ist der (als Option erhältliche) angeschlossene Weight-And-Balance-Computer. Er errechnet automatisch die Gewichtsverteilung der Fracht in dem Flugzeug sowie die Schwerpunktverteilung. Das Control-Panel für den Computer befindet sich im Cockpit am Instrumen-

tenbrett des Flugingenieurs. Überschreitet die Beladung die Grenzen der zulässigen Schwerpunktlage, gibt der Computer automatisch Alarm und schaltet das bordeigene Ladesystem ab.

Die unteren Frachträume, in der Fachsprache »Lower Lobe Cargo Compartments« genannt, sind identisch mit denen der normalen Passgierversion der 747. Sie fassen 169,4 Kubikmeter Frachtvolumen, beziehungsweise maximal 54 377 kg Last. Um die Dimensionen zu verdeutlichen: 54 377 kg Fracht in den unteren Frachträumen sind mehr als das Startgewicht einer zweistrahligen Boeing 737-200, die ein MTOW von 53 Tonnen aufweist. Alle Boeing 747 haben drei Unterdeck-Frachträume.

Der vordere befindet sich vor dem Tragflügel und faßt bis zu 16 LD-1 oder LD-3-Standard-Luftfrachtcontainer. Das mittlere »Lower Lobe Cargo Compartment« schließt sich an den Fahrwerksschacht an und bietet Raum für bis zu 14 LD-1/LD-3-Container. Diese beide Cargo-Räume sind über zwei sich nach außen öffnende Frachttore auf der rechten Rumpfseite zugänglich (Größe der Tore: 1,73 m mal 2,64 m) und können mit Hilfe eines internen Cargo Handling Systems randvoll beladen werden. Der hintere untere Frachtraum (genannt Bulk Cargo Compartment) wird manuell durch eine nach sich nach innen öffnende Tür be- und entladen und dient häufig als Gepäckfach für die Koffer der

Fluggäste. Er hat ein Volumen von 22,4 Kubikmetern. Um das Umherfliegen der Ladung in diesem Frachtabteil zu unterbinden, gibt es verschiedene Netze und Planen, die zwischen Decke und Boden gespannt werden.

Die maximale Nutzlast, – inklusive der Fracht in den unteren Frachträumen – die die 747-200F bei einer Reichweite von rund 2600 nautischen Meilen (4800 km) transportieren kann, beträgt 112 400 kg. Bei größtmöglicher Ausnutzung der Nutzlast ist die Reichweite der Maschine natürlich beschränkt. Das maximale Startgewicht beträgt je nach Ausführung und Triebwerkswahl zwischen 351 und 378 Tonnen (833 000 lbs), wobei rund 165 Tonnen Gewicht allein auf den Treibstoffvorrat in den Flächentanks entfallen. Typische Nonstop-Strecken, die mit der 747-200F beflogen werden, sind Frankfurt – New York oder Nairobi – Frankfurt. Inklusive der international üblichen Spritreserve sowie einer Zuladung von 90 720 kg (200 000 lbs) hat die 747-200F eine Reichweite bis zu 4900 nautischen Meilen (9075 km). Auf Überführungsflügen und ohne Zuladung kann das Flugzeug Entfernungen bis zu 8300 nautischen Meilen (15 300 km) überbrücken.

Der Erstflug des Frachtjumbos erfolgte am 30. November 1971. Die Maschine hatte die Boeing-interne Werknummer 20373 und trug während der Erprobung die nordamerikanische Registrierung N1794B. Am 7. März 1972 wurde das Typenzertifikat der 747-100 um die Zulassung des Jumbo-Frachters erweitert. Da der Cargo-Jumbo aus der 747-200 entwickelt wurde, ist die korrekte Bezeichnung 747-200F oder einfach 747F. Die Einführung des Jumbo-Frachters war von Skepsis begleitet, da das Luftfrachtaufkommen – gemessen am heutigen Aufkommen – trotz guter jährlicher Zuwachsraten recht bescheiden war.

Launching Customer (Erstbesteller) Deutsche Lufthansa übernahm am 9. März 1972 den ersten 747-Frachter. Die Maschine bekam die deutsche Registrierung D-ABYE und war mit Pratt & Whitney JT9D-Turbofans ausgerüstet. Sie begann vom 19. April 1972 an, sechsmal pro Woche die Strecke Frankfurt – New York zu befliegen. Die D-ABYE ersetzte auf dieser Route zwei Boeing 707-Frachter. Im ersten Betriebsjahr transportierte der Großraumfrachter 29 691 Tonnen Post und Fracht bei einem durchschnittlichen Nutzladefaktor von 66,8 Prozent. Die D-ABYE blieb bis zum 15. Dezember 1978 in Lufthansa-Diensten. An diesem Tag wurde sie an die ITEL Corporation verkauft, die sie an Korean Air verleaste, wo sie auch 1992 noch mit dem Kennzeichen HL7441 eingesetzt wurde.

Mitte der siebziger Jahre bot Boeing den Fluggesellschaften für die 747-200F und die 747 Convertible ein bordeigenes Ladegestell an, mit dem bis zu 8,23 m lange Container unabhängig von bodengestützten Ladesystemen in den Bauch der Maschine gehievt werden können. Das Gestell wiegt 6622 kg (und reduziert die verfügbare Nutzlastkapazität entsprechend) und kann bis zu 13 608 kg schwere Lasten heben. Nach Gebrauch wird es zusammengeklappt und im Bug der Maschine verstaut. Es nimmt zwar den Platz von zwei Paletten ein, offeriert dafür aber den Fluggesellschaften die Möglichkeit, Flugplätze anzufliegen, auf denen kein Entladegerät verfügbar ist. Das Ladegestell wird von zwei Mann bedient und kann auch für das Be- und Entladen durch die seitliche Frachttür benutzt werden. Eine der ersten Airlines, die dieses Gerät bestellten, war die irakische Fluggesellschaft Iraqi Airways.

Einen der wohl bisher ungewöhnlichsten Luftfrachtaufträge der Geschichte bekamen zwei Luftfahrtgesellschaften, Alitalia und Lufthansa, die zur Auftragserfüllung Boeing 747 in der Frachtversion einsetzten.

Zum Hintergrund: Anfang der achtziger Jahre waren Luxusautos europäischer Hersteller in den USA sehr beliebt und der amerikanische Automobilpro-

Boeing demonstrierte bei der Auslieferung des ersten 747-Frachters eindrucksvoll dessen Kapazität.

Die Flying Tigers waren bis zu ihrem Verschwinden die größte Frachtfluglinie der westlichen Welt.

Das als Option angebotene bordeigene Ladesystem machte die 747 Freighter unabhängig von bodengebundenen Einrichtungen.

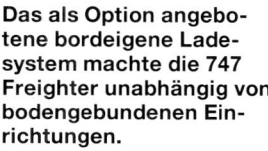

Durch die hochklappbare Schnauze der 747-200F passen alle üblichen Container.

duzent Cadillac entschloß sich, eine entsprechende Karosserie von dem italienischen Autodesigner Sergio Pininfarina konstruieren zu lassen. Pininfarina entwarf nicht nur den Cadillac Allanté, Cadillac beauftragte ihn sogar damit, die Karosserie herzustellen und auszurüsten. Pininfarina hatte sein Werk im italienischen Turin und Cadillac die Endmonatgelinie, in der die ausgerüstete Karosserie mit dem von Cadillac gefertigten Fahrgestell und V8-Motor zusammenmontiert werden sollte, in Detroit, Michigan. So stellte sich das Problem des Transports der Autos von Turin ins 5200 Kilometer entfernte Detroit, das mit Hilfe einer Luftbrücke gelöst wurde.

Die Lufthansa schrieb damals in ihrem Pressedienst: »Das hat es in der Geschichte des Automobilbaus und der Zivilluftfahrt bislang noch nicht gegeben: Über eine ständige Luftbrücke gehen ab Herbst 1986 in Italien geschneiderte und ausgestattete Cadillac-Karosserien in die USA zur Endmontage und in den Vertrieb. An diesem ungewöhnlichen Logistikkonzept ist die Lufthansa beteiligt, die nicht zuletzt aufgrund dieser Transportaufgabe ihren dritten Nurfrachter vom Typ Boeing 747 in Dienst gestellt hat.

Der neue Cadillac Allanté (...) wird in einer transatlantischen Produktionskette hergestellt werden. Ab 13. Oktober 1986 wird die Lufthansa jeweils montags und donnerstags 56 teilgefertigte Autos von Turin nach Detroit fliegen. Teilgefertigte Autos, das heißt: komplette Karosserien mit Innenausstattung, jedoch ohne Räder, Achsen, Motor und Getriebe. Die Autos werden auf 34 speziell angefertigten Paletten transportiert. Auf 22 Paletten im Hauptdeck werden mit Hilfe eines Spezialgestells jeweils zwei Fahrzeuge übereinander geladen. Im hinteren Teil findet ein weiteres Fahrzeug – schräg aufgebockt – Platz. Weitere elf Karosserien werden in den unteren Frachträumen befördert.

Den Lufthansa-Rückflug am Dienstag wird Cadillac für den Transport von Autoteilen verwenden, die dann bei der Firma Pininfarina in Turin montiert werden. Der Lufthansa-Rückflug am Freitag verkehrt als normaler Linienfrachtflug.

(...) Ein entsprechender Vertrag wurde am 4. Dezember 1985 zwischen allen Beteiligten, Cadillac und Pininfarina sowie Lufthansa und Alitalia, in Detroit unterschrieben. In dieser Charterkette übernimmt die Lufthansa – zählt man beide Richtungen – drei und Alitalia zwei wöchentliche Flüge zwischen den USA und Italien. Die Flüge werden mit Boeing 747-Frachtern durchgeführt, dem größten zivilen Frachtflugzeug.

Cadillac hatte gute Gründe, für das neue Modell Allanté dieses bisher einmalige Logistikkonzept zu wählen. Turin und Detroit sind beides Binnenorte. Der Seeweg würde auf beiden Seiten des Atlantiks aufwendige Vor- und Nachtransporte erfordern. Ein derart gestückelter Transport würde zusätzliche Zeitverluste beim ohnehin schon länger dauernden Seeweg verursachen. Neben den Vorteilen der Zuverlässigkeit, Sicherheit und Schnelligkeit ergibt sich durch den Lufttransport ein Minimum an Kapitalbindung. «

Der Vertrag sah in seiner fünfjährigen Laufzeit den Transport von 40 000 Allanté-Karosserien vor. Doch Absatzschwierigkeiten in den USA führten dazu, daß Cadillac die geplante Anzahl nicht abnehmen konnte. Erst wurde die Zahl der Flüge reduziert, dann überließ die Lufthansa der Alitalia das Feld, die für kurze Zeit einmal wöchentlich halbfertige Autos nach Detroit flog, bevor die Luftbrücke ganz eingestellt wurde. Der große Traum der Luftfrachtindustrie, wichtiges Bindeglied einer kontinuierlichen Produktionskette zu werden – und sich damit langfristig berechenbare Aufträge zu besorgen, war nach weniger als fünf Jahren vorerst ausgeträumt.

73 Boeing 747-200F verließen zwischen 1970 und 1991 die Endmontagehalle in Everett. Dann wurde

747-236F der Cathay Pacific, die dieses Flugzeug von British Airways erwarb, wo es unter der passenden Registrierung G-KILO flog.

es Zeit für einen Generationswechsel. Die neue Großraumfrachter-Generation stand schon auf den Boeing-Reißbrettern bereit. 1989 wurde das Programm gestartet, mit dem der 747-Frachter auf den Stand der Passagier-747-400 gebracht wird. Der Nachfolger des ersten Jumbo-Frachters ist eine Kombination aus der 747-200 Freighter und der 747-400 Combi. Der auf dem Hauptdeck fensterlose Rumpf kommt bis auf die Side Cargo Door und die Cockpitsektion vom bewährten 747-200-Frachter. Auch die klappbare Nase wird nicht geändert und gehört zur Standardausstattung der neuen Maschine. Modifizierte Tragflügel, das komplette Leitwerk, die seitliche Frachttür und das Cockpit sind von der 747-400 Combi abgeleitet. Im Cockpit sitzen zwei Piloten, einer weniger als in der 747-200F.

Aufgrund des höheren Gewichts des neuen Flugzeugs (276 696 kg Maximum Zero Fuel Weight) sind strukturelle Anpassungen in einigen Bereichen unumgänglich. Die Aufhängung des Bug- und Hauptfahrwerks wird verstärkt, ebenso wie das Hauptfahrwerk selbst. Und um die Last des vergrößerten Tankvolumens im Flügel besser aufnehmen zu können, werden die Tragflächenkästen verstärkt. Weitere Verstärkungen erfahren die Rumpfsektionen 44 und 46. Zusätzlich wird das Cockpit besser gegen Vogelschlag geschützt.

»Als wir die Airlines fragten, welche Eigenschaften der neue Frachter aufweisen soll, verlangten die meisten keine höhere Nutzlastkapazität, sondern mehr Volumen im Frachtraum sowie eine leistungsfähige Klimaanlage«, erklärte Royden A.Miser, Boeings Programm-Manager für den 747-400 Freighter dem Autor im Februar 1992 in Seattle. Allein durch die Verlegung der Leiter zum Oberdeck finden auf dem vorderen Hauptdeck der Dash 400F drei Paletten Platz, wo bei der -200F nur zwei hinpaßten. Außerdem können zwei zusätzliche drei Meter hohe Ladestücke untergebracht werden, was allein auf dem Hauptdeck einem Zusatzvolumen von 21,43 Kubikmetern entspricht. Zum Bewegen der Fracht auf dem Hauptdeck wurde das Cargo-Handling-System der 747-200F in einer verbesserten Form übernommen und eine weitere Loadmaster-Bedientafel integriert. Weiteres Volumen wurde in den Frachträumen des Unterdecks gewonnen, wo bis zu vier LD-1/LD-3-Container mehr geladen werden können.

Der neue Frachter wird ohne das 747-400-typische verlängerte Oberdeck auskommen müssen. Das kurze Oberdeck der 747-400F wird auf jeder Seite nur drei Fenster haben. Die Inneneinrichtung des Oberdecks wurde komplett neu konstruiert. Hinter dem Zweimanncockpit und der Galley- und Toilettenzone ist lediglich Platz für maximal sechs Mitflieger. Dahinter schließt sich ein Ruheraum mit zwei Liegen (je 76 mal 198 cm groß) an.

Die Summe aller Änderungen hat zur Folge, daß die 747-400F fast 20 Tonnen mehr Nutzlast transportieren kann oder eine gegebene Nutzlast bis zu 800 nautische Meilen (1481 km) weiter befördert als die 747-200F. Kommt die Dash 200 bei Ausnutzung ihres maximalen Startgewichts (MTOW) von 377 849 kg von Paris gerade bis New York, so fliegt die 747-400F mit ihrem MTOW von 394 632 kg (inklusive 110 496 kg Fracht) über New York hinaus bis Chicago.

Im Juli 1992 hatten sich bereits neben dem Erstkunden Air France (fünf Bestellungen) bereits folgende Fluggesellschaften für den neuen Frachter entschieden: Asiana Airlines aus Korea (drei Orders), Cargolux Airlines aus Luxemburg (drei Bestellungen), Cathay Pacific aus Hongkong (zwei), die KLM (zwei) sowie Singapore Airlines (eine). Das Rollout ist für den März 1993 geplant, zum Erstflug hebt das Flugzeug drei Monate später ab. Die FAA-Zulassung könnte dementsprechend Ende 1993 vorliegen. Wenige Tage später darf Air France dann den ersten Cargo-Jumbo der neuen Generation übernehmen.

Soviel zum theoretischen Hintergrund des Frachtvogels aus Everett. Der Herausgeber dieses Buches, Mike Riedner, war 1983 mit an Bord eines Fracht-Jumbos des deutschen Flag Carriers auf dem Flug von Frankfurt nach New York. Er berichtete damals über das Erlebnis in der Fachzeitschrift FLUG REVUE: „Der Unterschied ist Lufthansa. So prangt es als Schlagzeile über Anzeigen in Illustrierten. Doch dieses Mal ist der Unterschied zu anderen Luftfahrtgesellschaften keinesfalls in der Pünktlichkeit des Abflugs zu finden. Dennoch drängen sich keine säuerlich dreinblickenden Passagiere mit der monotonen Fragestellung um freundlich lächelndes Bodenpersonal, wann es denn nun endlich losginge.

Sechs Stunden Verspätung hat der Jumbo, der draußen auf dem Vorfeld des Rhein-Main-Flughafens in Frankfurt steht. Aber sein Eigner braucht sich um mißgelaunte Fluggäste keine Sorge zu machen. Der Grund für die Verspätung ist ein unverhofftes, zusätzliches Geschäft: Die Boeing 747 ist nicht für den Passagiertransfer sondern für den Transport tonnenschwerer Fracht vorgesehen.

Nachts um drei Uhr sollte der Flug LH601 von Frankfurt nach New York starten. Inzwischen ist es acht Uhr in der Frühe und noch eine weitere Stunde bis zum Take-off. Aus Nairobi ist die Maschine

Seaboard World nannte seine Frachtflugzeuge »Containership«.

Ein »Containership« auf dem Abnahmeflug.

SEABOARD WORLD Containership

SEABOARD WORLD Containership

gekommen, und dort handelte sie sich auch die Verspätung ein. Über die eingeplante Ladung hinaus standen dort zusätzlich 35 Tonnen Fracht, die auf einen Transport nach Deutschland warteten. Und für einen solchen Extra-Happen läßt sogar einmal die Lufthansa Flugplan Flugplan sein – in der durch nichts zu erschütternden Gewißheit, daß in Frankfurt keine aufgebrachten Fluggäste kurz vor dem Amok stehen. Insgesamt fliegt der Cargojumbo in dieser Nacht 100 Tonnen Fracht von Afrika nach Frankfurt, auf dieser Strecke eine neue Rekordmarke.

Kurz vor neun ist der geräumige Bauch des Frachters ent- und wieder beladen, LH601 kann nach New York starten. Als die D-ABYO vom Schlepper auf den Taxiway geschoben wird, wiegt sie genau 363,6 Tonnen, also 700 Kilogramm mehr als das maximale Startgewicht betragen darf. Abgesehen davon, daß Bordingenieur Walter Schulze ohnehin schon weiße Haare hat – ihm würden auch so keine grauen Haare wegen des Übergewichts wachsen. Bis Pilot Ulrich Schwarzer seinen Vogel nämlich bis an den Anfang der Runway gerollt hat, sind 1200 Kilogramm Treibstoff durch die Motoren gelaufen.

Schwarzer ist übrigens nicht der einzige Pilot im Jumbo-Cockpit: Horst Bohlmann, drei Jahre älter als Schwarzer, fliegt als Checkpilot mit; alle sechs Monate müssen sich Lufthansa-Piloten einem gesundheitlichen Test unterziehen und sich in der Praxis beweisen. Heute ist Schwarzer an der Reihe. Noch mit im Cockpit: Copilot Rolf Wiedemann, der Jüngste der Crew.

Nach 20 Minuten ist der Fracht-Clipper auf 27 000 Fuß Höhe, eine Viertelstunde später über Amsterdam, und eine Zigarettenlänge danach geht es mit 475 Knoten oder auch mit Wert 0,8 auf der Mach-Skala raus auf den Atlantik.

Zeit für einen Blick in die Frachtpapiere. Zuerst einmal fällt auf, daß Kapitän Schwarzer heute nicht

Cargolux aus Luxemburg gehört zu den ersten Käufern der 747-400 in der Frachtversion.

nur von seinem Kollegen Bohlmann beäugt wird. Unten im Frachtraum in einem Zwölf-Fuß-Container, die sich dicht an dicht reihen, sind sechs Kilo Glasaugen in Watte verpackt in einem Karton. Weil Ordnung Trumpf ist, kann man auf den Frachtpapieren auch gleich die Nummern der Paletten ablesen, auf der das jeweilige Frachgut transportiert wird. Die Glasaugen werden etwa auf der Palette 220-7245-5843 verschickt.

Gegenüber der schwersten Position nehmen sich die sechs Kilo der Kunstaugen liliputhaft klein aus. Auf Palette 220-6096-0723 ruhen zwei Offset-Druckmaschinen, die zusammen etwas mehr als 38 Tonnen auf die Waage bringen. Der Rest der Ladung liest sich wie ein Inventurbogen eines großen internationalen Basars. Schuhe und Blusen (zusammen über acht Tonnen) aus der Mode-Hochburg Italien, Nüsse aus Afrika, Cognac aus Frankreich, Gold und Juwelen aus Südafrika und 680

Kilogramm Blumen aus Amsterdam. Auch reichhaltige Information ist an Bord: Mehr als eine Tonne Zeitungen und Zeitschriften.

Zwischen Irland und Grönland betätigt sich Checkpilot Bohlmann als Koch. Bei Frachtflügen ist die Besatzung auf die eigenen küchentechnischen Fertigkeiten angewiesen. Nette Stewardessen, die nach dem Wohlbefinden, nach Hunger und Durst fragen, gibt es hier nicht. Und so kocht der hochbezahlte Pilot den Kaffee für seine Kollegen und bruzzelt das Mittagessen im Mikrowellenherd – Männerromantik.

Während es im Herd dampft, zeigt der Temperaturfühler minus 52 Grad Außentemperatur an, kurz hinter Grönland fällt er gar bis auf minus 57 Grad Celsius. Über eine Leiter geht es vom Cockpit in den Laderaum. Hier ist es etwas kühler als in der sonnendurchfluteten Kanzel. Gleich links neben den Stufen steht ein kleiner Käfig, in dem eine graugetigerte Katze nach Amerika fliegt. Die Reise scheint ihr nichts auszumachen, den durch die Streben gesteckten Finger berührt sie sanft mit den Pfoten.

Ist im vorderen Ende des Frachtraumes noch leidlich Bewegungsfreiheit, so muß man, um bis ans andere Ende der Maschine zu gelangen, schon auf Zehenspitzen zwischen den Containern herumlaufen. Dicht an dicht sind die silbrig glänzenden Metallkästen aneinandergereiht.

Vor dem Beladen erstellt der jeweilige Lademeister einen genauen Plan, nach dem die Container nach Größe und Gewicht im geräumigen Bauch des Jumbos verschwinden. Mit flachen Spezialtransportern werden sie dann an den Ladeturm gebracht und mit einer Hebebühne auf fünf Meter Höhe gehievt. Dort tippt der Lademeister die betreffende Nummer der Position in ein kleines Schaltpult ein, und wie von Geisterhand bewegt verschwinden die Riesenkoffer in der Maschine. Den Vorwärtsschub erledigen Gummiräder, die von kräftigen Elektromotoren angetrieben werden. Für die seitliche Verschiebung sorgen unzählige, in alle Richtungen drehbare Metallrädchen, die sich jetzt auf dem Flug ausruhen dürfen.

Oben im Cockpit unterhalten sich die Mitglieder der Crew gerade darüber, wo in New York die günstigsten Kameras zu haben sind. Zeit für solche Gespräche gibt es auf einem Frachtflug mehr als auf einem mit Passagieren an Bord. Die Durchsagen entfallen ebenso wie das Ein- und Ausschalten der Leuchtzeichen für »Bitte anschnallen« und »Rauchen einstellen«. »Wir fliegen alle ganz gerne einen Frachter«, stellt Bohlmann unter der Zustimmung seiner Kollegen fest, »das ist zwischendurch einmal eine willkommene Abwechslung von der sonstigen Routine.« Alle sechs bis acht Wochen werden die Jumbo-Piloten der Lufthansa auf einen Frachtflug eingeteilt, Bohlmann selbst hat vor drei Wochen die D-ABYO von Anchorage nach Frankfurt geflogen.

An der Ostküste der Vereinigten Staaten dreht Schwarzer nach Süden ab und folgt dem Verlauf des Hudson River. Der mächtige Strom liegt wie ein goldenes Band in der Landschaft. »Da haben wir aber so richtig Glück gehabt, diesen Anflug bekommt man nur ganz selten«, freut sich der Captain.

Manhattans Wolkenkratzer erscheinen wie ein filigraner Scherenschnitt. Minuten später landet Flug LH 601 auf dem John F. Kennedy-Flughafen. Kaum hat der Jumbo seine Parkposition vor der Lufthansa-eigenen Frachtabfertigung eingenommen, wird schon die Ladeluke geöffnet und versperrt die Sicht auf den strahlend blauen Himmel.

Die Männer in ihren Overalls schuften noch schneller als sonst, und so geht es auch nach dem Rückflug in Frankfurt. Das Ergebnis: Nach drei Tagen hat der Fracht-Jumbo seinen afrikanischen Rückstand auf die Soll-Zeit eingeholt. Pünktlichkeit ist wieder Trumpf.«

Doppelpack

Zu den interessantesten, aber am wenigsten geflogenen Jumbo Jets gehören jene beiden, die in den Diensten der amerikanischen Raumfahrtbehörde NASA (National Aeronautics and Space Administration) stehen. Die modifizierte 747-123 mit der Registrierung N905NA ist ein 1970 gebauter American Airlines-Veteran, der im Juli 1974 in den Besitz der NASA kam. Die ließ ihn, nachdem sie ihn in ihrem Dryden Flight Research Center für aerodynamische Tests eingesetzt hatte, 1976 von Boeing zum Transportflugzeug für ihre Space Shuttle-Raumfähren umbauen und nennt ihn Shuttle Carrier Aircraft (SCA). Kosten für den Umbau, der am 14. Januar 1977 abgeschlossen wurde: 30 Millionen Dollar. Das Umbauprogramm konnte von Boeing schneller und billiger beendet werden als geplant. Die zweite, zum Shuttle-Carrier modifizierte 747 – Baujahr 1973, Kennzeichen N911NA – ist erst seit 1988 im NASA-Bestand und beflog vorher als 747-SR46 bei Japan Airlines Strecken im innerjapanischen Flugverkehr.

Beim Umbau wurde das gesamte Airline-Interieur herausgenommen und die Aluminiumhaut des Jumbos wurde an den Stellen verstärkt, wo die Pylone zur Aufnahme des über 67 Tonnen schweren Shuttles befestigt wurden. Der vordere Pylon ist zum Abwurf des Shuttles hydraulisch ausfahrbar. Am Raumtransporter greifen die Pylone in jene Befestigungen, an denen bei einem Raumflug die riesigen Tanks angebracht sind. Für die benötigte Steifigkeit der Flugzeugzelle sorgen zusätzliche Trennwände im Rumpf des umgebauten Widebodyjets. An das Höhenleitwerk wurden schnell demontierbare Finnen angebracht, die für eine verbesserte Längsstabilität des Gespanns notwendig sind, wenn die Raumfähre auf dem Jumbo mitfliegt. Die JT9D-3A-Triebwerke der N905NA wurden auf den Standard der stärkeren JT9D-7AH gebracht und leisten nun 46950 lbs (208,9 kN) Schub. Leer wiegt die Maschine ohne Shuttle nur etwas mehr als 155000 kg. Der erste Flug dieses gigantischen »Doppeldeckers« fand am 18. Februar 1977 auf der Edwards Air Force Base in der kalifornischen Wüste statt. Die Raumfähre Enterprise war bei diesem Ausflug unbemannt, der Flug dauerte zwei Stunden und fünf Minuten. Die Steuerungen von Shuttle und Trägerflugzeug sind nicht gekoppelt, die ersten gemeinsame Flüge galten der Überprüfung der im Windkanal gewonnenen Daten. Bei den Landungen des Huckepack-Gespanns dürfen die Piloten die Schubumkehr der 747-Triebwerke nicht einsetzen, um eine Schädigung des Orbiters zu vermeiden. Vier weitere Flüge mit unbemanntem Shuttle folgten, bis im Mai mit bemannten Flügen begonnen wurde. Am 13. August 1977 erfolgte der erste Start des Shuttles vom Rücken des Jumbos. Die N905NA stieg auf 22800 Fuß (6970 m) und trennte sich wie vorgesehen

Vom Lande- zum Startplatz fliegen die NASA-Raumfähren Space Shuttle auf dem Rücken einer umgebauten Boeing 747.

nach dem Entkoppeln durch einen leichten Sturz-flug von der Enterprise, die daraufhin als Riesen-segelflugzeug der Erde entgegenschwebte und problemlos auf der Edwards AFB wieder landete. Nach zusammen 13 Testflügen war das Versuchs-programm erfolgreich abgeschlossen.

Der weiteste Flug, den ein Space Shuttle-Carrier mit einem oben montierten Shuttle machte, fand Ende Mai 1983 statt und war nicht ohne Risiko. Eine Beschädigung oder ein Ausfall des Jumbos hätten die Pläne für alle nachfolgenden Shuttle-Missionen durcheinandergebracht. Die N905NA kam mit dem Raumtransporter »Enterprise« als Mistelgespann aus den USA nach Europa, um Ima-gewerbung zu betreiben. Erste Station des un-gleichen Gespanns war der Flughafen Köln/Bonn, wo der damalige Chef der NASA Aircraft Opera-tions Division, Jospeh S. Algranti nach einem Überflug für das zahlreich anwesende Publikum aufsetzte. In den vier Tagen, die das Gespann in Köln/Bonn blieb, bestaunten es 310 000 Zu-schauer. Drei Kurzstopps in London, Fairford und Rom vervollständigten das Tournee-Programm, bis es anläßlich des Salon de l'Aéronautique et de l'Espace in Paris Le Bourget zum großen Show-down kam: Annähernd eine halbe Million Besucher sahen sich das ungewöhnliche Paar an, bevor es wieder zurück in die Staaten startete.

Heute sind beide Raumfährentransporter auf der Edwards Air Force Base in Kalifornien statio-niert und werden pro Jahr nur wenige Hundert Flugstunden älter. Sie werden ausschließlich dazu benötigt, die auf den ausgetrockneten Seen in Kalifornien gelandeten Space Shuttles wieder zurück zum Startplatz nach Florida zu transportie-ren.

Während dieser Flüge sind die Antriebs- und Steuerdüsen des Orbiters verkleidet, um nicht un-nötige Wirbel zu erzeugen, die das Seitenleitwerk des Shuttle-Carriers auf Dauer schädigen könnten und zusätzlich unnötigen Widerstand erzeugen. Da nach der Explosion der Raumfähre Challenger der ehrgeizige NASA-Flugplan für die Shuttle-Flotte gekürzt werden mußte, besteht auch in Zukunft wenig Aussicht auf eine stärkere Auslastung der Träger-Jumbos.

747-300 mit langem Oberdeck

Zuwachs im Oberstübchen

Der Schweizer Flag Carrier Swissair gab am 11. Juni 1980 mit einer Order über fünf Flugzeuge das Startsignal für eine neue Version der Boeing 747. Die neue Jumbo-Variante wurde 747EUD (extended upper deck) beziehungsweise 747SUD (stretched upper deck) genannt, bevor sie die offizielle Boeing-Typenbezeichnung 747-300 erhielt. Sie war die achte Version des erfolgreichen Großraumjets seit seinem Programmstart 1966. Auffallendstes Merkmal der »747 Series 300« ist das im Vergleich zu vorangehenden Jumbo-Versionen um 7,11 m verlängerte Oberdeck. An den Abmessungen Spannweite, Höhe und Länge änderte sich im Vergleich zu den vorangegangenen Versionen nichts. Im Cockpit der 747-300 arbeiten ebenfalls Dreimann-Crews wie in den vorherigen Jumbo Jets. Das Leergewicht dieser Version wuchs wegen der strukturellen Änderungen um rund 4200 Kilogramm bei gleichbleibendem Höchststartgewicht (Maximum Take-Off Weight/MTOW). Das Leergewicht (Operating Weight Empty) variiert je nach installiertem Triebwerkstyp zwischen 174 200 kg (383 400 lbs) und 178 262 kg (393 000 lbs). Zusammen mit dem Treibstoff und einer Nutzlast, die zwischen 63 503 kg (140 000 lbs) und 68 492 kg (151 000 lbs) betragen kann, ergibt sich ein MTOW von 351 535 kg (775 000 lbs) bis 377 840 kg (833 000 lbs). Durch das im Vergleich zur 747-200B erhöhte Leergewicht verringerte sich die Reichweite der neuen Version leicht. Sie liegt abhängig vom gewählten Triebwerk zwischen 6100 und 6700 nautischen Meilen (11 297 und 12 408 km). 747-200B: 6350 bis 6900 nm. Die Angabe der Reichweite enthält jeweils die international vorgeschriebenen Treibstoffreserven sowie eine Reserve für den Flug zu einem 200 nm entfernten Ausweichflughafen und einem Holding von 30 Minuten. Da Japan Airlines (JAL) mit einigen 747-300 Nonstop-Flüge von Japan in die USA durchführt, stattete Boeing deren -300 mit erhöhter Treibstoffkapazität aus, so daß sie die geforderte Reichweite erbringen. Inoffiziell werden diese Flugzeuge 747-300ER genannt. Boeing selbst hat aber keine spezielle Namensgebung für diese JAL-Variante eingeführt.

Die Verlängerung des 747-typischen Buckels diente dem Zweck, mehr Passagiere pro Flug zu befördern. Bei einer reinen Economy-Bestuhlung erhöht sich die Zahl der Passagiere, die im Oberdeck Platz finden können, von 32 auf maximal 91. Den Fluggesellschaften blieb aber die Möglichkeit offen, im verlängerten Buckel Economy-, Business- oder First Class-Passagiere unterzubringen. Auf dem Hauptdeck wurde zusätzlicher Raum für sieben Sitze gewonnen, indem die Wendeltreppe zum Oberdeck durch eine gerade Treppe ersetzt wurde. Durch diese Änderungen konnte die Zahl der maximal zu befördernden Fluggäste auf 630 gesteigert werden. Von dieser möglichen Maximal-

Das Modellfoto zeigt das verlängerte Oberdeck der 747-300 im Vergleich zu vorhergehenden 747.

zahl machte allerdings keine Fluggesellschaft Gebrauch. Die dichteste Bestuhlung von allen 747-300 haben vier Maschinen der Japan Airlines mit 563 Plätzen, die im Inlandsverkehr in Japan eingesetzt werden und dafür extra modifiziert wurden. Sie tragen deshalb auch die besondere Bezeichnung 747-346SR.

Bei einer typischen Zweiklassenkonfiguration der Kabine passen 496 Fluggäste in das Flugzeug. Aus Sicherheitsgründen wurde auf jede Rumpfseite im Oberdeck je eine neue Tür konstruiert. Die beiden Ausstiege öffnen sich nach oben, sind 1,83 m hoch und 1,07 m breit, um in Notfällen eine schnelle Evakuierung des Oberdecks zu ermöglichen.

27 Monate nach der Launch-Entscheidung, am 21. September 1982, fand das Rollout der ersten 747-300 in Everett statt. Die Maschine war bereits in Swissair-Farben lackiert und nicht wie sonst üblich in Boeing-Werksfarben.

Am 5. Oktober 1982 erhob sich das Flugzeug erst-

Rollout der ersten 747-300 am 21. September 1982.

malig in die Luft (ausgerüstet mit den Pratt & Whitney JT9D-Antrieben) und absolvierte ein verhältnismäßig kurzes Flugtestprogramm von fünf Monaten Dauer, das mit der Zulassung am 7. März 1983 endete. Die erste von vier General Electric CF6-Turbofans angetriebene 747-300 flog am 10. Dezember 1982. Die Kürze des Zulassungsprogramms erklärt sich dadurch, daß die 747-300 wie die vorangegangenen Versionen auch, als quasi weiterentwickelte 747-100 zertifiziert wurde. Bei der Flug-

erprobung zeigte sich, daß durch die neue Oberdeckform die wirtschaftlichste Reisegeschwindigkeit der 747-300 bei Mach 0.85 liegt – im Gegensatz zur 747-200, die bei Mach 0.84 am wirtschaftlichsten ist. Dieser Wert macht die 747-300 zum schnellsten Großraumverkehrsflugzeug der Welt. Swissair übernahm die erste Maschine dieses Typs im März 1983, gefolgt von der französischen Langstrecken-Fluggesellschaft UTA (Union de Transports Aériens), die mittlerweile von der Air France aufgekauft wurde und ab Januar 1993 nicht mehr unter eigenem Namen operiert.

Als Triebwerksalternativen für die 747-300 boten sich den Airlines mehrere Antriebe: General Electric (GE) CF6-50E2, GE CF6-80C2, Pratt & Whitney JT9D-7R4G2 und das Rolls-Royce RB211-524D4. Alle Antriebe sind Turbofantriebwerke mit einem hohen Nebenstromverhältnis und erzeugen zwischen 53 000 und 56 000 Pfund Startschub (235,74 und 249,08 kN). Alle drei Hersteller erhielten Aufträge für die 747-300. Die Swissair entschied sich beispielsweise für das Pratt & Whitney JT9D-7R4G2, Cathay Pacific kaufte Rolls-Royce-Antriebe während UTA die GE-Alternative CF6-50E2 wählte.

Bei der 747-300 war erstmalig von Beginn an ein automatisches Schubkraftsteuerungssystem PMS (Performance Management System) erhältlich, das von Boeing und Delco entwickelt und gebaut wurde. Das Performance Management System steuert die Schubstärke der Triebwerke im Steig-, Reise- und Sinkflug. Der an das PMS angeschlossene Computer kennt die Daten des Flugzeuges und der Triebwerke, erfaßt laufend die Angaben über Höhe, Geschwindigkeit, Temperatur, Treibstoffdurchfluß, Windrichtung und andere Daten. Er errechnet daraus die optimale Geschwindigkeit und steuert den Triebwerksschub sowie in Verbindung mit dem Trägheitsnavigationssystem und dem Autopiloten die Höhe oder den Flugweg der Maschine, um entweder den geringstmöglichen Treibstoffverbrauch oder die geringstmöglichen Betriebskosten zu erreichen. Die laufende Auswertung seiner Daten zeigt das PMS auf einem Bildschirm an. Bei der Sinkflugplanung und im Sinkflug selbst errechnet die Schubkraftsteuerung eine treibstoffsparende Sinkflugroute bis zu einem definierten niedrigsten Punkt des Sinkflugs und regelt automatisch die Triebwerksleistung. Japan Airlines war der erste Auftraggeber für das PMS und übernahm im April 1981 die erste 747-200F mit einem allerdings nur für den Steig- und Reiseflug zugelassenen PMS. Die erste 747 mit einem vollautomatischen PMS übergab Boeing am 17. Juni 1982 an All Nippon Airways. Es handelte sich um eine 747SR. Die Zulassung des Systems durch die FAA hatte 33 Monate gedauert und unter anderem 275 Flugstunden Testzeit in der Luft erfordert. Die Treibstoffeinsparung durch das Fliegen mit dem PMS wurde 1982 auf rund 150 000 Dollar pro Maschine und Jahr angesetzt. Im Airline-Betrieb zeigte sich, daß pro Flug mehr als ein Prozent Kerosin Einsparung möglich ist. Swissair, South African Airways und Singapore Airlines rüsteten ihre gesamte 747-300-Flotte von Beginn mit dem damals neuen PMS aus.

Neben den beiden Passagierausführungen baute Boeing die 747-300 auch als Combi-Version, die die Bezeichnung 747-300M führt. Sie haben – wie die 747-200 Combi auch – auf der linken Rumpfseite eine Frachttür und sind in der Lage, auf dem Hauptdeck eine gemischte Passagier-/Fracht-Ladung in verschiedenen Konfigurationen aufzunehmen. Durch die 747-300 Combi sind die Fluggesellschaften in der Lage, ihre Flotte auf saisonale Schwankungen im Passagier- und Frachtaufkommen anzupassen. Der Umbau von einer Konfiguration zur anderen erfordert, daß das Flugzeug in die Werft kommt.

Die Fracht wird bei der 747-300 Combi im hinteren Rumpfteil verstaut und kann aus sechs oder zwölf Paletten bestehen, je nach dem, welchen Mix die Fluggesellschaft gewählt hat. Bei voller Ausnutzung des Frachtraums bleibt Raum für 278 Passagiere in einer Dreiklassenauslegung. Bei der Mitnahme von nur sechs Paletten erhöht sich die Passagierzahl auf 360. Zum Be- und Entladen ist bei der Combi-Version ein Cargo-Handlingsystem installiert, das dem des Frachtjumbos entspricht. Selbstverständlich ist es auch möglich, die 747-

Im Juli 1985 erhielt Cathay Pacific ihre erste 747-300.

Eine 747-300M Combi der ägyptischen EgyptAir auf einem Testflug.

108

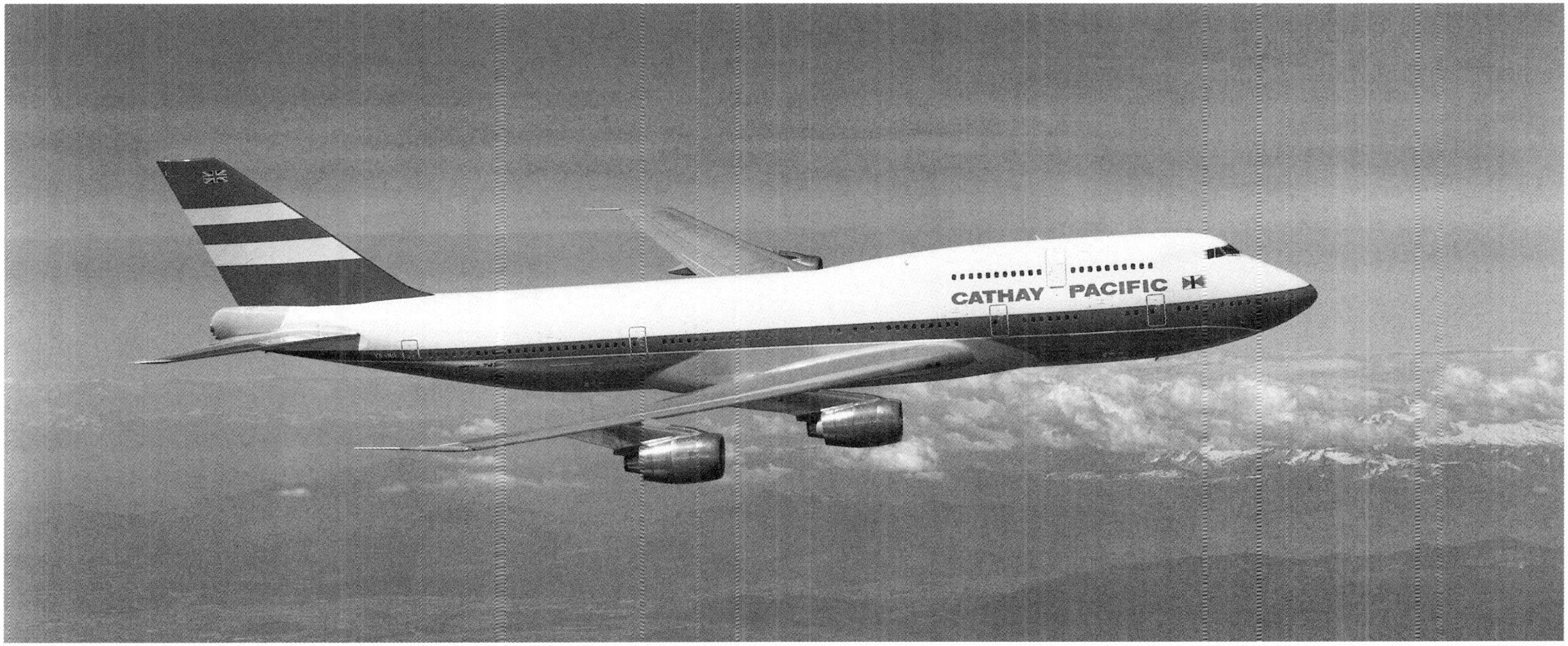
CATHAY PACIFIC

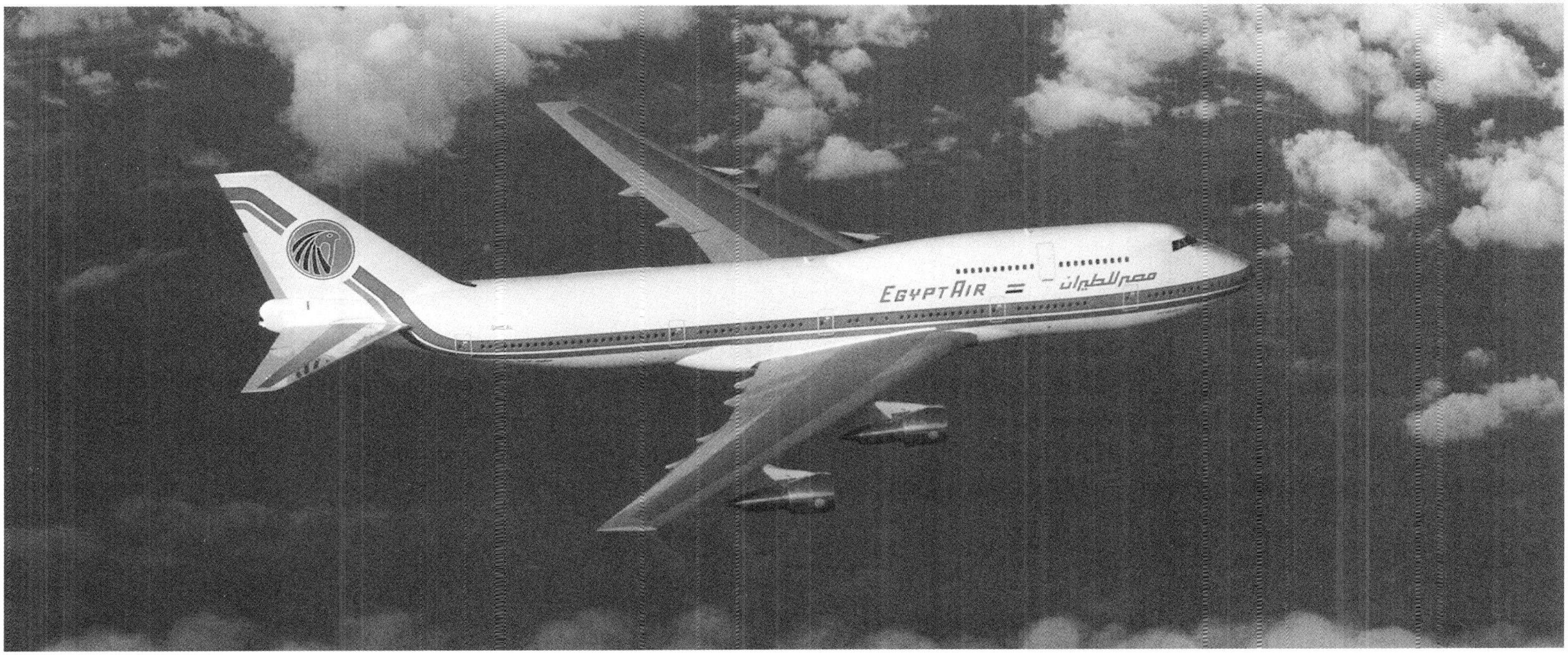
EGYPTAIR
مصر للطيران

300 Combi gänzlich ohne Fracht auf dem Hauptdeck zu benutzen. Dann passen typischerweise
496 Reisende in drei Klassen in das Flugzeug. 21
Muster vom Typ 747-300M, die von Boeing »Two
airplanes in one« genannt werden, wurden bislang
geordert.

Insgesamt 81 Großraumjets vom Typ 747-300 stellte die Boeing Commercial Airplane Group zwischen 1982 und 1988 her. Einige Airlines ließen ihre
747-200B auf das verlängerte Oberdeck umrüsten.
KLM beispielsweise rüstete so zusätzlich zu ihren
-300-Bestellungen einen Teil ihrer Jumbo-Flotte
auf 747-300-Standard um. Fluggesellschaften, die
die Dash 300 kauften und/oder betreiben, sind:
Swissair, Egypt Air, Cathay Pacific, UTA, Saudi Arabian Airlines, KLM, Singapore Airlines (dort werden
sie unter dem Namen Big Top betrieben), SABENA,
Air India, QANTAS, Varig, South African Airways,
Japan Airlines, Korean Air, Thai Airways International sowie Malaysian Airlines. Eine Maschine ist an
die saudiarabische Regierung gegangen, die den
Jet in VIP-Auführung betreibt. Die erste 747-300
ging an den Launching Customer Swissair, der
eine Flotte von fünf -300 (inklusive drei 747-
300BC) betreibt, der letzte Jumbo Jet der 300er-
Serie wurde im Oktober 1988 an die japanische
Fluggesellschaft Japan Asia Airways geliefert.

Am Rande sei bemerkt, daß die Boeing Company
im März 1968, also fast ein Jahr vor dem Erstflug
des 747-Prototypen, schon einmal den Bau einer
Boeing 747-300 ankündigte. Der damalige Boeing-
Präsident William M. Allen gab am 22. März bekannt, daß Boeing beabsichtige, ein dreistrahliges
Verkehrsflugzeug unter Verwendung eines Groß-
teils der 747-Systeme zu entwickeln und zu bauen.
Der Trijet sollte als Airbus mit transkontinentaler
Reichweite (rund 3300 km/1800 nautische Meilen)
275 bis 300 Passagieren Platz bieten. Die Spann-

**Swissair war die erste
Fluggesellschaft, die die
747-300 betrieb.**

110

KLM schickte 1984 meh-
rere 747-200B zurück ins
Werk, wo sie des alten
Oberdecks beraubt
wurden und ein neues
bekamen.

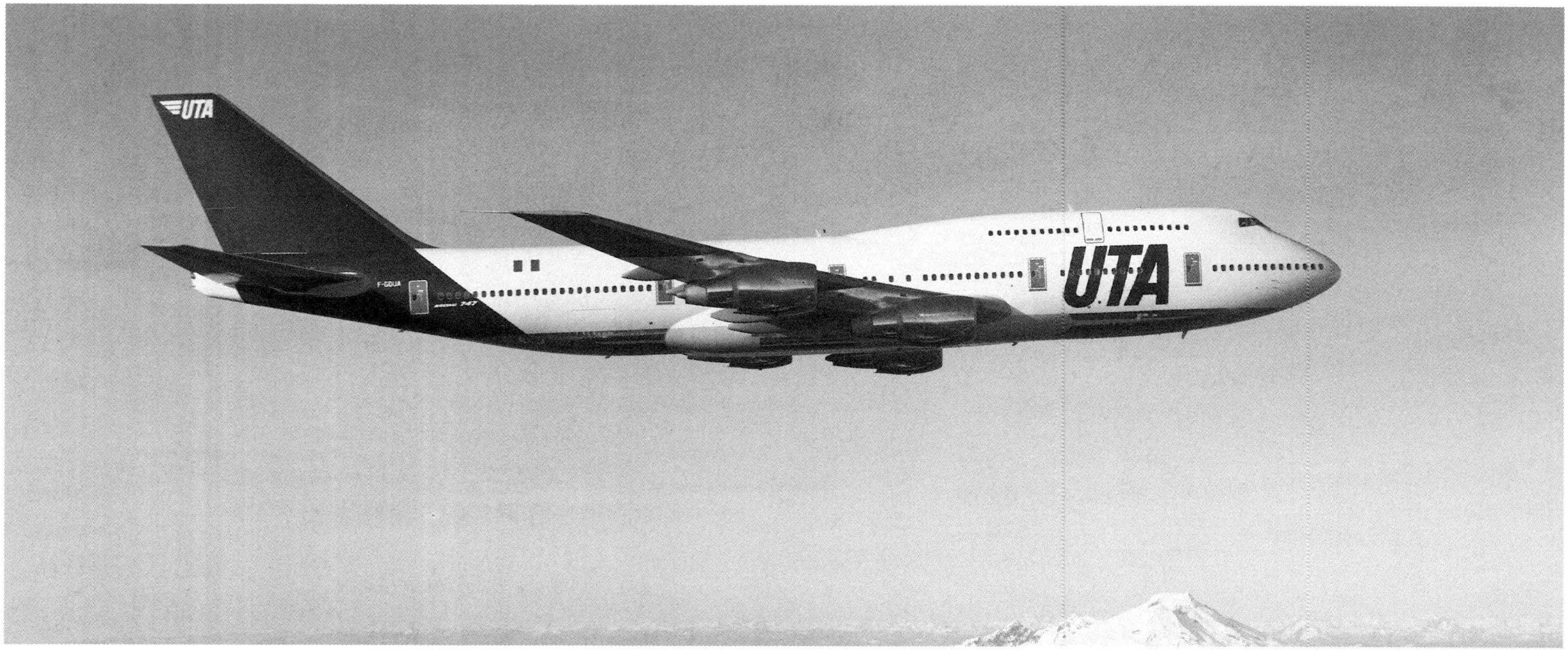
UTA
UTA

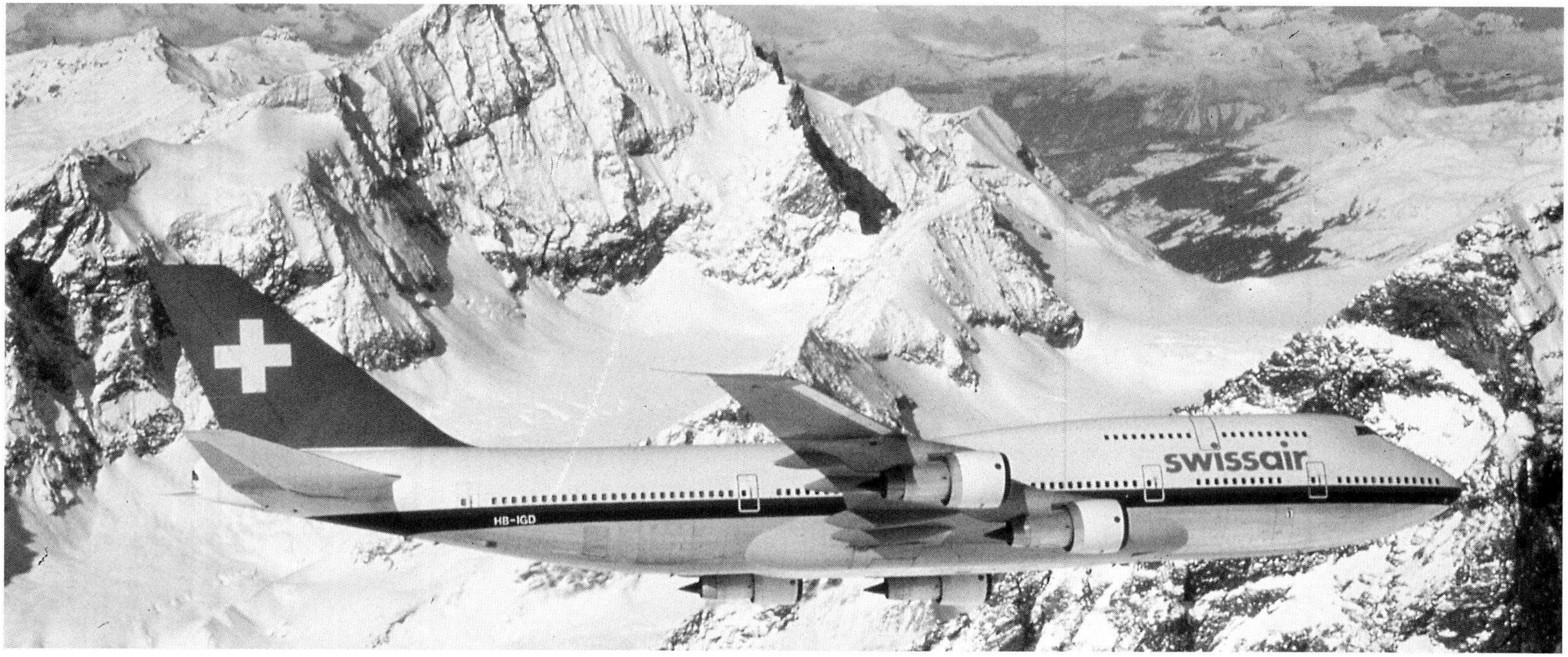
swissair
HB-IGD

Als zweite Airline erhielt die französische UTA die Jumbo-Version mit dem verlängertem Oberdeck.

Eine Swissair 747-300 vor dem beeindruckenden Hintergrund der Schweizer Alpen.

Swissair 747-300 am Gate in Zürich...

weite sollte 48,73 m und die Länge 53 m betragen. Als Einführungstermin für das 747-300-Projekt gab Allen Anfang 1972 an. Das Projekt wurde jedoch nie realisiert und die Bezeichnung 747-300 verschwand bis 1980 wieder in den Archiven.

...und beim Enteisen vor dem Abflug.

747-400 vom Start weg erfolgreich

Bestseller

Boeing verfolgte lange Jahre die Strategie, Neuerungen bei den existierenden Flugzeugmustern nur Stück um Stück einzuführen. Bei der 747 war es nicht anders. Für die Fluggesellschaften war dies von Nachteil, da sie en gros bestellen mußten, wollten sie bei zeitversetzter Lieferung de georderten Maschinen eine Flotte von absolut identischen Flugzeugen und damit eine kostengünstige Ersatzteilbevorratung haben. Deshalb drängten die Airlines Boeing nach der 747-300 zu einem sogenannten »Block-Change«, das heißt, Boeing sollte alle technologisch möglichen Verbesserungen in eine komplett neuen Version des Jumbos integrieren. Ergebnis dieser Überlegungen war schließlich die Boeing 747-400, deren Entwicklung im Mai 1985 angekündigt wurde. Mit zehn Einheiten war Northwest Orient Airlines, die später in Northwest umbenannt wurden, Erstbesteller des größten Verkehrsflugzeuges der Welt. Die Kaufverträge wurden am 22. Oktober 1985 unterzeichnet. Zweitkunde Singapore Airlines sicherte sich gleich 14 der neuen Super-Jumbos durch Festaufträge und unterzeichnete sechs Kaufabsichtserklärungen. Als dritte Airline orderte die holländische Koninklijke Luchtvaart Maatschappij (KLM) das neue 747-Muster. Besteller Nummer vier wurde die Deutsche Lufthansa AG, die sich im Mai 1986 mit sechs Bestellungen und neun Optionen für die 747-400 ins Boeing-Auftragsbuch eintrug.

Die Fluggesellschaften wurden aktiv an der Entwicklung der neuen Jumbo Jet-Version beteiligt. Allein die Deutsche Lufthansa stand Boeings Entwicklungsmannschaft mit rund 20000 Ingenieurstunden helfend und manchmal auch drängend zur Seite. Die Entwicklung dieses Super-Jumbos wurde vom deutschen Flag Carrier maßgeblich mitbeeinflußt.

Ein verlängertes Oberdeck wie bei der 747-300 sowie 1,83 m hohe Winglets an den verlängerten Tragflächenspitzen sind die äußerlichen Kennzeichen des neuesten Jumbo Jets. Die Gesamtlänge veränderte sich im Vergleich zur 747-200B nicht. Sie beträgt nach wie vor 70,66 m. Ebensowenig änderte sich die Rumpflänge von 68,63 m und die Höhe von 19,33 m. Der Tribut, der an eine verbesserte Aerodynamik gezahlt werden mußte: Die Spannweite erhöhte sich von 59,64 m (747-200B) um 4,80 m auf 64,44 m. Damit ging einher eine Vergrößerung der Flügelfläche von 510,97 Quadratmetern auf 524,9 Quadratmeter.

Im Normalzustand sind die Winglets, deren Tiefe an der Wurzel drei Meter und an der Spitze 1,2 Meter beträgt, um 29 Grad nach außen geneigt und haben eine Pfeilung von 60 Grad nach hinten. Wenn die Maschine vollgetankt ist, vergrößern sich die Tragflächenabmessungen noch einmal um einen knappen halben Meter, da sich die Winglets durch das Gewicht der 204 360 Liter Treibstoff in den Flügeltanks herunterbiegen. Bei der Konstruk-

Geburtsstunde eines neuen Jumbos: Rollout der 747-400 am 26. Januar 1988

115

Letzte Arbeiten am Wetterradar einer Boeing 747-400, bevor die Maschine aus der Halle gezogen wird.

Mock-up der 1,8 m hohen Winglets für die 747-400.

Northrop in Hawthorne/ Kalifornien baut die 747-Rumpfschalen und liefert sie per Eisenbahn nach Everett.

tion der hochstehenden Flügelspitzen geizten die Ingenieure mit Gewicht. Sie sind aus Verbundwerkstoffen und Aluminium und dadurch (beide zusammen) 27 Kilogramm leichter als wenn sie komplett aus Aluminium gefertigt wären. Allein durch die verbesserte Aerodynamik aufgrund der Winglets erreichte Boeing eine dreiprozentige Reduzierung des Kraftstoffverbrauchs im Reiseflug. Von den Tragflächenspitzen verbannt wurden ebenfalls die nach hinten herausragenden Antennengalgen der vorhergehenden 747-Versionen. Dafür wurde in der Vorderkante des Seitenleitwerks eine HF-Antenne integriert.

Alles, was Luftwiderstand erzeugt, wurde bei der Konstruktion der neuen 747-400-Variante kritisch begutachtet. Als treibstoffsparende Maßnahme erwies sich die Neukonstruktion der Verkleidung des

**Montage eines Rumpf-
vorderteils für die 747-400
im Boeing-Werk Everett.**

Fläche-Rumpf-Anschlusses die nun für deutlich geringeren Widerstand in der Luft sorgt. Die Triebwerksaufhängungen wurden ebenso aerodynamisch überarbeitet wie die Triebwerksverkleidungen, die bei der 747-400 einen Durchmesser von 2,60 Meter haben.

Erstmalig ist mit der 747-400 bei einem Jumbo Jet (als Option) ein Treibstoffbehälter im Höhenleitwerk integriert. Der von »The LTV Corporation« in Dallas, Texas, gebaute Tank faßt 12 492 Liter Jet-A-1 und verleiht damit dem Flugzeug eine um 590 km größere Reichweite. Mit 412 Passagieren in einer typischen Dreiklassenkonfiguration an Bord kann der Super-Jumbo über 13 500 km (7 300 nautische Meilen) weit fliegen und hat dann noch die international übliche Standardreserve an Treibstoff in den Tanks.

Gewichtseinsparungen genossen höchste Priorität beim Bau des Super-Jumbos. Neuentwickelte Aluminiumlegierungen, die bereits bei den zweistrahligen Boeing-Mustern 757 und 767 angewendet wurden, kamen vor allem bei der Tragflächenstruktur zum Tragen. Gegenüber herkömmlichen Materialien konnten so über 2 700 kg Gewicht eingespart werden.

Weitere 816 kg Gewicht konnten beim Fahrwerk abgespeckt werden, bei dem unter anderem Kohlefaserbremsen die konventionellen Stahlbremsen ersetzten. Die Kohlefaserbremsen weisen aber weitere Vorteile auf. Einerseits sind sie resistenter gegen Abnutzung und vertragen die doppelte Zahl von Landungen, andererseits halten sie Temperaturen stand, bei denen Stahlbremsen schmelzen würden, was sich in einer 15 Prozent höheren

Maximalbremsenergie der Kohlefaserbremsen niederschlägt.

Doch auch im Inneren der Maschine verbergen sich deutliche Änderungen. Das beginnt am offensichtlichsten bei der Kabinengestaltung, die mit vergrößerten Ablagefächern für das im Trend immer größer werdende Handgepäck der Passagiere aufwartet sowie Versorgunsanschlüssen, die eine alternative Umplazierung der Galleys und Toiletten innerhalb von 48 Stunden erlauben. Die Metallböden des Kabinendecks mußten aus Gewichtsgründen solchen aus Graphitverbundwerkstoffen weichen. Selbstverständlich wurden die in der Kabine verwendeten Materialien nach künftig geltenden Sicherheitsstandards ausgewählt. Sie sind schwer entflammbar und verbrennen – sollten sie denn doch einmal Feuer fangen – ohne dicken Rauch und mit vergleichsweise wenig toxischen Gasen. Nicht zuletzt wurde das Cabin Entertainment System verbessert. Die Bestuhlung der 747-400 als reines Passagierflugzeug kann theoretisch variieren zwischen 400 Fluggästen in drei Klassen (24 First Class, 74 Business Class, 302 Economy), 497 Sitzen bei einer Zweiklassenauslegung (42 First und 455 Economy) und 570 Passagiersitzen bei einer reinen Economy-Bestuhlung. In der Praxis befördern die meisten Luftfahrtgesellschaften ihre Passagiere mit einer weniger dichten Bestuhlung. Als Beispiele sind nachfolgend Sitzplatzzahlen für die 747-400 von fünf verschiedenen Airlines aufgeführt:

- Cathay Pacific Airways, Hongkong: 362 Sitze, davon 30 First Class, 78 Business und 254 Economy;
- Deutsche Lufthansa: 387 Sitze, aufgeteilt in 20 First Class, 75 Business, 292 Economy;
- United Airlines, USA: 392 Sitze total, darunter 36 First Class, 112 Business, sowie 244 Economy;
- QANTAS, Australien: 406 Sitze insgesamt, 16 First Class, 60 Business, 330 Economy;
- Air New Zealand, Neuseeland: 436 Sitze, davon 16 First Class, 36 Business Class und 384 in der Economy-Klasse.

Die Zahlen sollen lediglich die Möglichkeiten der 747-400 zeigen. Sie stellen keine Bewertung des Komforts der einzelnen Fluggesellschaften dar. Da die angeführten Gesellschaften mit ihren Flugzeugen jeweils verschiedene Märkte bedienen, ist die unterschiedliche Bestuhlungsdichte nur natürlich.

Der nur als Option angebotene Ruheraum für die Besatzung über der hinteren Einstiegstür entwickelte sich als »populärste Sonderausstattung« bei der 747-400. Von 27 Airlines, die die Dash 400 bis Anfang 1992 bestellten, hatten sich 20 für den »Overhead Crew Rest« entschieden. Er bietet acht Liegeflächen und zwei Sitzplätze und ist über eine Leiter vom Hauptdeck zu erreichen. Während Start und Landung darf er allerdings nicht besetzt sein.

Die größte und von verschiedenen Pilotenvereinigungen nicht ohne Gegenstimme hingenommene Revolution ereignete sich im Cockpit, in dem nur noch zwei Piloten benötigt werden. Im voll digitalisierten Glascockpit ist der Flugingenieur überflüssig. Für die Fluggesellschaften reduzierten sich dadurch die Personalkosten erheblich. Die meisten elektromechanischen Analoginstrumente der vorhergehenden 747-Versionen sind bei der 747-400 sechs 20 mal 20 Zentimeter großen Kathodenstrahlröhren-Bildschirmen gewichen, die nur jene Daten anzeigen, die die Crew wissen muß oder will. Beide Piloten haben je drei Bildschirme vor sich: Ein Primary Flight Display (PFD) mit Angaben über Fluglage, Geschwindigkeit, Kurs und Höhe, ein Navigation Display (ND), sowie ein EICAS-Display. EICAS ist ein Kunstwort, das ausgeschrieben Engine Indication and Crew Alerting System heißt. Das System zeigt der Crew die wichtigsten Daten der Flugzeugsysteme und warnt vor Ausfällen, beziehungsweise zeigt im Fall eines Ausfalls Wege zur Beseitigung der Störung an. War das alte 747-

Zusammenbau der ersten 747-400. Am Kran kommt das Rumpfheck herangeschwebt.

Cockpit noch mit 971 Schaltern, Leuchten und Anzeigeinstrumenten bestückt, so reduzierte sich deren Zahl bei der -400 auf 365. Im Lufthansa-Jahrbuch 1986 beschreiben Jürgen Weber (heute Vorstandsvorsitzender der Deutschen Lufthansa) und Klaus Nittinger (heute Lufthansa-Vorstandsmitglied für den Bereich Technik) das Cockpit folgendermaßen: »Ein wesentlicher Fortschritt bei der Weiterentwicklung der 747-400 wird im Cockpit-Bereich erzielt. Das mittlerweile 20 Jahre alte Grundkonzept eines relativ engen, lauten, mit Ar-

maturen überhäuften Drei-Mann-Cockpits weicht einem neuesten Ansprüchen genügenden FFCC (Forward Facing Crew Concept), das von zwei Flugzeugführern bedient werden kann.

Die Systemarchitektur nutzt die gewonnen Erfahrungen der ersten Generation von Digitalflugzeugen (Boeing 767/Airbus A310). Auf sechs großen Bildschirmen werden alle wesentlichen Anzeigen zur Flug- und Systemüberwachung dargestellt. (...) Das Flugführungssystem entspricht mit Einführung eines Flight Management Systems (FMS) dem heu-

119

tigen Stand der Technik und führt zu einer Entlastung der Besatzung und zu einem wirtschaftlicheren Flugbetrieb. Es bedurfte einer erheblichen Überzeugungsarbeit, um Boeing zu diesem Schritt zu bewegen.«

Zusätzlich bekam die neue Jumbo-Version eine neue, weniger treibstoffdurstige und leistungsfähigere Hilfgasturbine vom Typ PW901A von Pratt & Whitney Canada ins Heck. Alles zusammen ergibt für die Dash 400 ein vorteilhaftes Bild. Obwohl sie die gleichen Rumpfausmaße hat wie die 747-300, fliegt sie sparsamer und weiter. Sie verbraucht acht bis zwölf Prozent weniger Sprit pro Sitz und kann vollbeladen mit Passagieren dank ihrer enormen Reichweite Routen wie London - Singapur oder Frankfurt – Los Angeles mühelos nonstop bedienen.

Der offizielle Geburtstag der 747-400, den die Luftfahrtindustrie bei einem neuen Flugzeugmuster immer mit einem Rollout begeht, fand am 26. Januar 1988 in Everett statt. Es war aber eine »Zwillingsgeburt«, die die Boeing Commercial Airplane Group an diesem Tag beging, denn die zweistrahlige 737-400 feierte am gleichen Tag im Boeing-Werk Renton ebenfalls ihr Debüt.

Sechs Wochen später als vorhergesehen fand am 29. April 1988 der Erstflug der neuen Jumbo-Version statt. Den ursprünglichen Terminplan hatte man in Seattle wegen verspäteter Lieferungen durch einige Zulieferer nicht halten können. Im Jungfernflug-Cockpit saßen James C.Loesch und Copilot J.Kenneth Higgins, der Flug dauerte zwei Stunden und 26 Minuten. Das Kennzeichen N401PW zeigte, daß es sich bei der ersten Dash 400 um eine mit Pratt & Whitney PW4056-Turbofans ausgestattete Maschine handelte.

Boeing bot mit der 747-400 erstmals ein Flugzeug von Anfang an mit drei verschiedenen Motorentypen an. Neben dem oben erwähnten Fantriebwerk der Pratt & Whitney PW4000-Baureihe mit

rund 58 000 lbs (258 kN) Schub werden das General Electric Aero Engines CF6-80C2 sowie das Dreiwellen-Großtriebwerk RB211-524G/H von Rolls-Royce der gleichen Leistungsklasse angeboten. Erstkunde Northwest entschied sich bei der Motorisierung der 747-400 für die Pratt & Whitney-Turbinen. KLM und Lufthansa waren die ersten Airlines, die die General Electric-High-Bypass-Turbofans CF6-80C2 für ihre Super-Jumbos auserkoren. Launching Customer für die mit Rolls-Royce-Antrieben motorisierte 747-400 war schließlich die in Hongkong beheimatete Cathay Pacific Airways. Sie ist übrigens die einzige Airline, die ausschließlich von Rolls-Royce-Triebwerken angetriebene Großraumflugzeuge in ihrer Flotte hat.

Die drei Triebwerksmodelle der 747-400 haben für Airlines, die sowohl die zweistrahlige Boeing 767 als auch die 747-400 in ihrer Flotte betreiben, den Vorteil, daß sie mit leichten Unterschieden an beide Flugzeuge passen. Dadurch verringern sich die Kosten für die Ersatzteilhaltung – ein Posten im Budget, der Kapital in Millionenhöhe bindet. Die Triebwerkssteuerung geschieht vollelektronisch über FADEC (Full Authority Digital Engine Control), beziehungsweise bei den Rolls-Royce-Triebwerken über DFC (Digital Fuel Control). Auch dadurch war eine Gewichtsreduzierung gegenüber früheren 747-Baureihen möglich, da die Signale digital übertragen werden, hydromechanische Komponenten oder Seilzüge sind bei der 747-400 zur Triebwerkssteuerung nicht mehr notwendig. Die Triebwerke eines Teils der 747-400-Flotte werden – falls die sie betreibende Fluggesellschaft die entsprechenden Bodeneinrichtungen hat, ständig überwacht. Die wichtigsten Parameter der Antriebsaggregate werden dabei regelmäßig erfaßt und per weltweiter Datenfernübertragung ACARS (Aircraft Communication Adressing an Reporting System) zur Werftbasis gefunkt. Dadurch können Abweichungen von den vorgeschriebenen Toleran-

Der »Neue« beim Start zu einem Testflug im Rahmen der Zulassung.

Die erste 747-400 für die Lufthansa in der Lackierhalle. Nachdem der Schriftzug aufgebracht ist, werden die Abdeckplanen entfernt.

zen frühzeitig erkannt werden und außerplanmäßige Triebwerkswechsel kommen immer seltener vor. Das ECM (Engine Condition Monitoring) hat sich hervorragend bewährt und wird nicht nur bei der 747-400 angewandt, sondern bei einer Vielzahl anderer Muster. Vorreiter ist die 747-400 allerdings beim ACM, dem Aircraft Monitoring System, bei dem über die Triebwerke hinaus auch aerodynamische Parameter des Flugzeuges kontinuierlich erfaßt und ausgewertet werden. Wartungsereignisse an der Flugzeugzelle können durch ACM besser geplant werden.

Bei der Flugerprobung des neuen Super-Jumbos konnte Boeing Spektakuläres vermelden. Am 30. Juni 1988 wurde die erste 747-400 »World Aviation Heavy Weight Champion«, indem sie den Weltrekord für das höchste Startgewicht brach, den

747-400

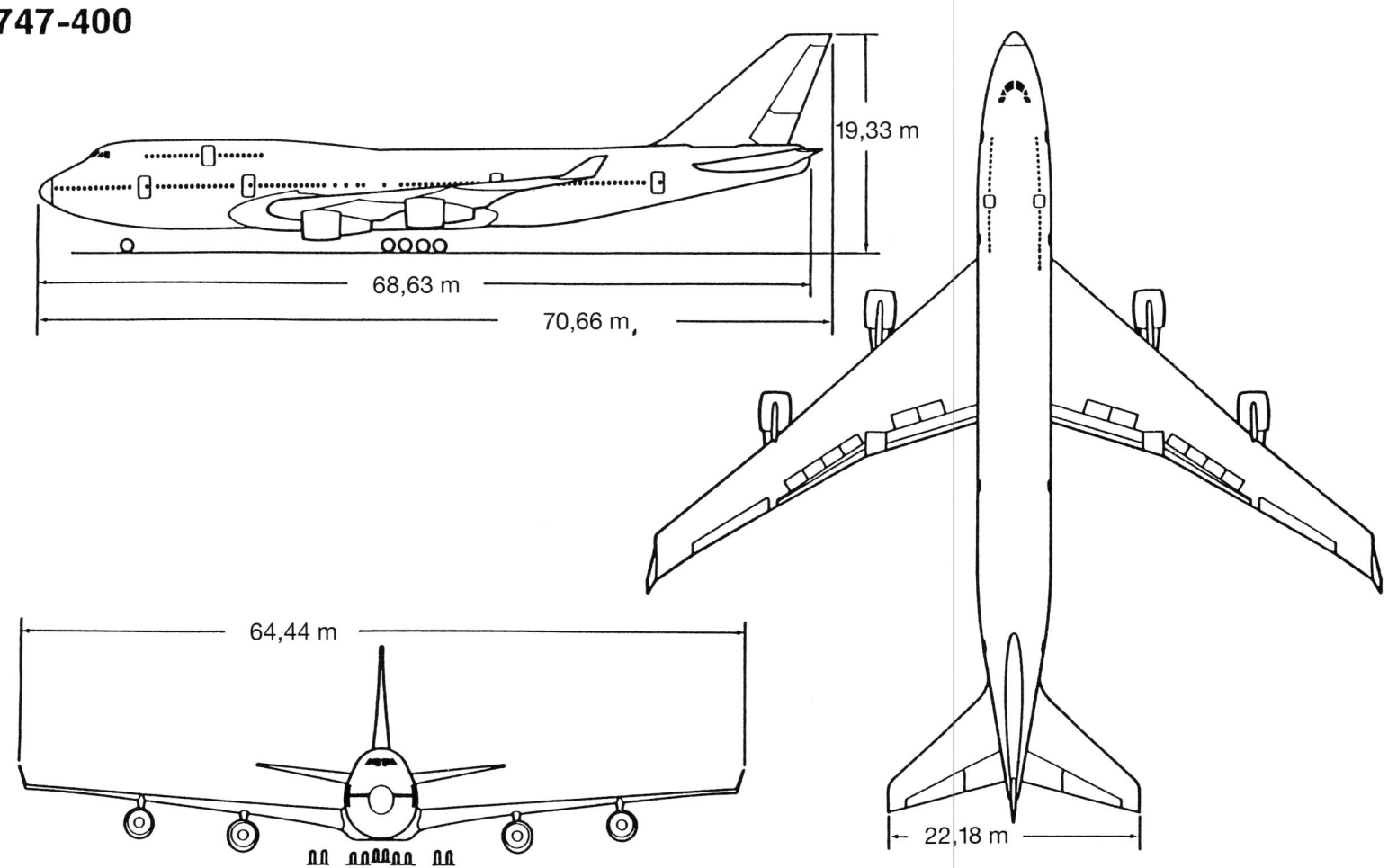

19,33 m

68,63 m

70,66 m,

64,44 m

22,18 m

vorher eine 747-200 gehalten hatte. Unter der Aufsicht der Féderation Aéronautique Internationale (FAI) startete die 747 vom Flughafen Moses Lake, 300 Kilometer östlich von Seattle, mit einem Gesamtgewicht von 404 815 kg und erreichte in nur vier Minuten und 49 Sekunden die für den Rekord erforderliche Höhe von 2000 Metern. Damit lag das Gewicht 20 000 kg über dem Normalgewicht einer Standard-Dash 400, das 385 560 kg beträgt. Den Flug machte Boeing aber nicht nur, um einen Welt-

rekord nach Seattle zu holen, er galt vielmehr der Ermittlung des Überziehverhaltens des neuen Flugzeugs bei hohem Gewicht im Rahmen des Zulassungsprogramms der FAA.

Am gleichen Tag hatte die 747-400 Nummer zwei ihren Jungfernflug. Sie war mit General Electric CF6-80C21F-Zweiwellen-Fantriebwerken ausgerüstet.

Die mit Pratt & Whitney-Triebwerken ausgerüstete 747-400 erhielt am 10. Januar 1989 die US-Zulas-

Der neueste Jumbo und seine Maße.

Revolution im Cockpit: Nur noch zwei Piloten werden benötigt, um die 747-400 zu fliegen. Bildschirme haben die sonst üblichen Instrumente weitgehend ersetzt.

sung der Federal Aviation Administration für den kommerziellen Flugbetrieb. Die GE-angetriebene 747-400 wurde am 18. Mai des gleichen Jahres zertifiziert, am 8. Juni folgte die Zulassung der mit Rolls-Royce-Motoren bestückten Version.

Die Auslieferung der ersten 747-400 erfolgte am 26. Januar 1989, 14 Tage später, am 9. Februar, ging die Maschine in den Liniendienst.

In Europa gab es Probleme bei der Zulassung des neuen Verkehrsflugzeugs. Die in der Joint Euro-

pean Airworthiness Requirement Group (JAR) zusammengeschlossenen Luftfahrtbehörden von Deutschland, der Niederlande, England und Frankreich verweigerten dem neuen Jumbo – für die Öffentlichkeit ziemlich überraschend – die Musterzulassung. Unterschiedliche Ansichten über Sicherheitsanforderungen hatten zu diesem Streit zwischen der JAR und Boeing geführt. Boeing war der Auffassung, die 747-400 sei eine Weiterentwicklung der 1969 zertifizierten 747. Damit seien

die damals geltenden technischen Bauvorschriften und betrieblichen Sicherheitsstandards auch für die Dash 400 gültig. Die JAR-Behörden hingegen forderten die technischen Standards von 1989. Betroffen von dem Streit waren eine Reihe von Konstruktionsdetails, von denen hier nur zwei aufgeführt werden sollen. So mußte Boeing nachweisen, daß bei einem zwei Quadratmeter großen Loch in der Außenhaut im Bereich des Oberdecks ein Druckausgleich zum Hauptdeck gewährt ist und daß die Maschine trotzdem sicher gelandet werden kann. Ein zweiter Punkt betraf die elektrische Verkabelung, die in einigen Bereichen besser gegen Beschädigungen geschützt werden sollte.

Zeitdruck kam bei allen Beteiligten auf. Die KLM hatte bereits eine 747-400 auf dem Hof stehen und die erste Auslieferung an die Deutsche Lufthansa stand unmittelbar bevor. Boeing verpflichtete sich, den Forderungen der JAR-Behörden nachzukommen und die technischen Änderungen als Modifikationspaket vorzulegen. Die Lufthansa durfte ihre Maschine mit einer vorläufigen Verkehrszulassung (VVZ) aus Seattle abholen, um mit ihr Besatzungen zu trainieren. Anfang Juni 1989 bekam die -400 auch von den Europäern das behördliche Okay und steht seitdem auch hier im Liniendienst.

Die erste 747-400 für den australischen Carrier QANTAS sorgte am 17. August 1989 für Aufsehen, als sie, gesteuert von Captain David Massy-Greene und seiner Besatzung, von London-Heathrow ohne Zwischenlandung nach Sydney flog. Das war der längste Nonstopflug eines Verkehrsflugzeuges überhaupt. In den 20 Stunden und acht Minuten des Fluges bewältigte die mit vier Rolls-Royce RB211-524G-High-Bypass-Triebwerken ausgestattet 747-438 »City of Canberra« eine Strecke von 9692 nautischen Meilen (17950 Kilometer) und bewies eindrucksvoll die Langstrecken-Leistungsfä-

Am 27. Juni 1988 startete diese 747-400 mit einem Gesamtgewicht von mehr als 400 Tonnen und stieg in Weltrekordzeit auf 2000 Meter Höhe.

Die erste 747-400 im Flug. Sie trägt noch das Kennzeichen N401PW, das darauf hindeutete, daß Pratt & Whitney PW4000 unter ihren Flächen hingen.

Start einer 747-400 des brasilianischen Carriers VARIG.

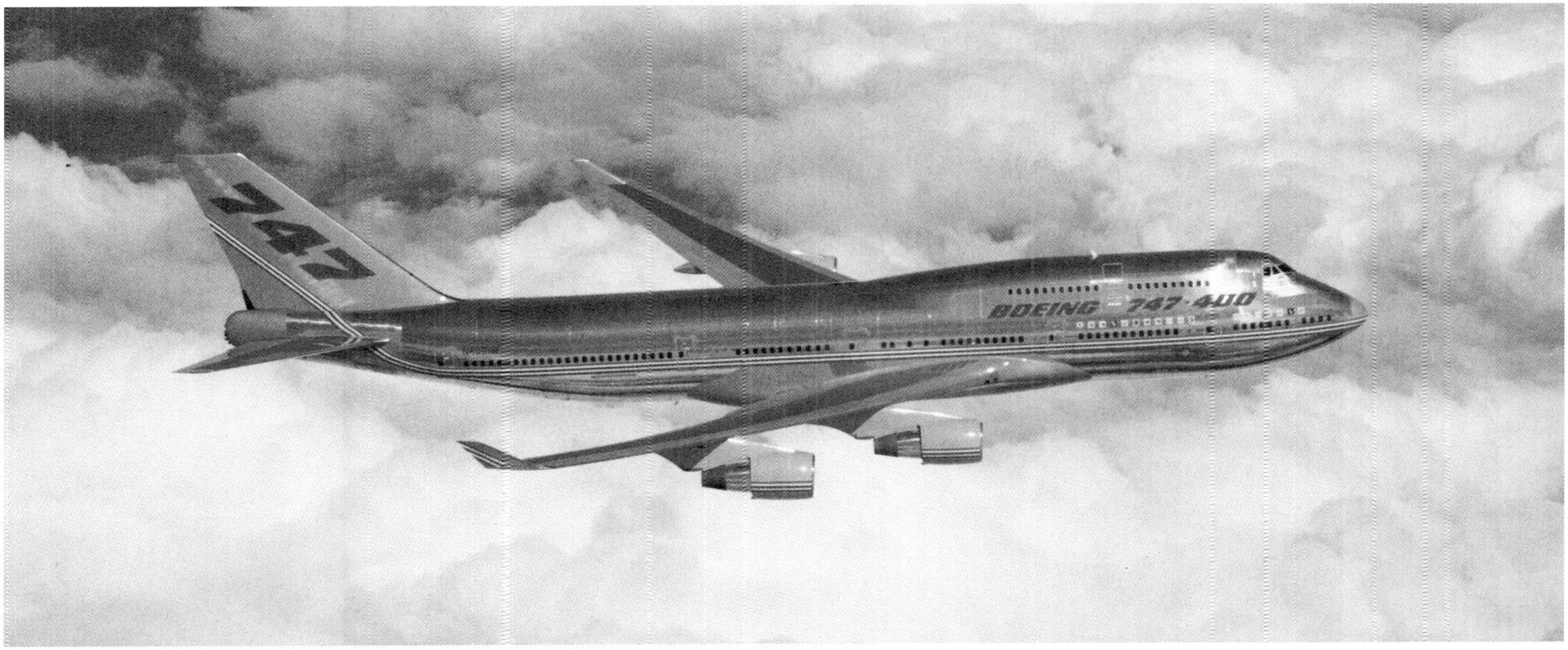
747
BOEING 747-400

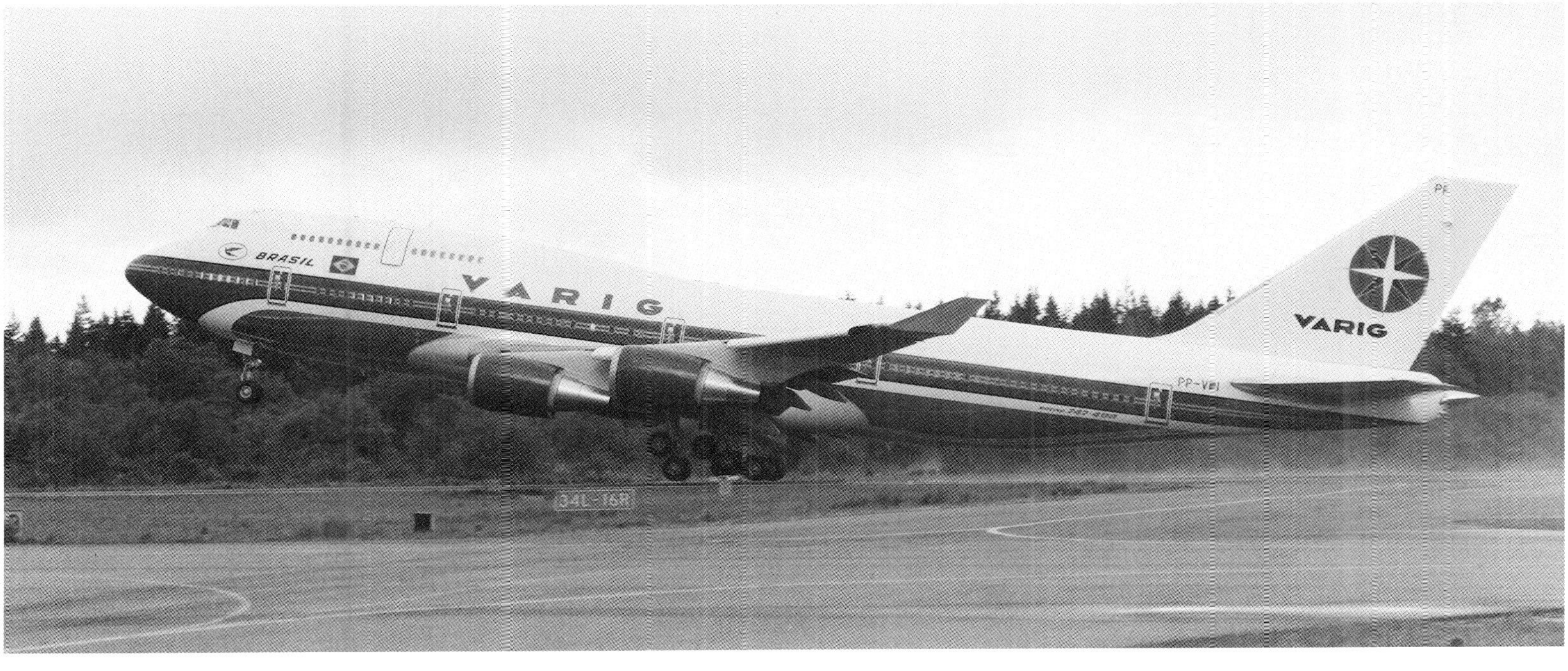
BRASIL
VARIG
VARIG
34L-16R

higkeit des neuen Musters. Passagiere werden allerdings auch durch die 747-400 nicht in den zweifelhaften Genuß von solchen Mammut-Nonstopstrecken kommen. Die »City of Canberra« hatte bei ihrem Rekordflug lediglich 24 Personen an Bord und benutzte einen speziellen, hochverdichteten Treibstoff.

Wie bei der 747-100 baut die Boeing Commercial Airplane Group auch bei der -400 eine spezielle Version für den Kurzstreckenverkehr, genannt 747-400 Domestic oder abgekürzt 747-400D. Äußere Merkmale dieser Variante sind die fehlenden Winglets mit einer entsprechend kurzen Spannweite sowie eine erhöhte Fensteranzahl im Oberdeck (rechte Seite plus drei, linke Rumpfseite plus zwei). Zusätzlich werden beim Domestic-Jumbo, der wie die 747-100SR bei Redaktionsschluß dieses Buches nur von japanischen Gesellschaften (All Nippon Airways ANA (6), Japan Airlines JAL (6) und Japan Air System JAS (1)) geordert wurde, strukturelle Veränderungen vorgenommen, die es ihm erlauben, eine erhöhte Zahl von Starts und Landung wegzustecken. Dafür kann er aber 566 Passagiere befördern. 482 Fluggäste in zwei Klassen passen bei der 747-400 Domestic auf das Hauptdeck, 84 Economy-Passagiere dürfen im Oberdeck Platz nehmen, das dafür extra einen verstärkten Boden bekam.

Nach einer bestimmten Anzahl von Cycles werden die Domestics zu normalen 747-400-Langstreckenjumbos konvertiert, um einer Materialermüdung vorzubeugen. Dies soll im Rahmen eines umfassenden Werftaufenthalts wie zum Beispiel eines D-Checks geschehen. Dort erhalten die ex-Domestics in einer irreversiblen Operation ihre Winglets und erhalten ihre Reichweitenkapazität von 7280 nautischen Meilen = 13482 km (mit PW4056-Triebwerken), beziehungsweise 7330 nm = 13575 km (mit General Electric CF6-80C2B1F-Turbofans). Bei der -400 Domestic beträgt die Design-Reichweite lediglich 1690 (Pratt & Whitney) beziehungsweise 1720 nm (GE). Verständlich ist, daß auf die Maschinen für die Bedienung von Langstrecken eine andere, weniger enge Bestuhlung erhalten: In den ex-Domestic-Flugzeugen werden nur rund 400 Passagiere Platz haben (24 First, 74 Business, 302 Economy).

Neben der reinen Passagierversion bietet Boeing auch die 747-400 als Combi-Flugzeug an. Diese Version wurde am 1. September 1989 zugelassen. Neun Airlines orderten bislang die 747-400M Combi, unter ihnen die Deutsche Lufthansa, die mit sieben Bestellungen hinter dem Launching Customer KLM (zehn Order) zweitgrößter Dash 400-Combi-Kunde ist. Die Combi kann in einem überschaubaren Zeitraum von einem reinen Passagierflugzeug mit 400 Passagieren in drei Klassen in eines verwandelt werden, auf dessen Hauptdeck man Fracht und 226 Paxe (24 First, 32 Business und 170 Economy-Klasse) befördern kann. Bei beiden Konfigurationen befinden sich zusätzlich zu den oben genannten 400, beziehungsweise 226 Sitzen 42 Business-Class-Plätze im Oberdeck. Zur Beladung mit maximal sieben Paletten sind diese Maschinen mit einer seitlichen Frachttür (neudeutsch: Side Cargo Door) im Rumpf hinter der linken Tragfläche ausgerüstet. Die Fracht wird zur gleichen Zeit eingeladen, wenn die Passagiere einsteigen und verlängert nicht die Bodenzeiten des Flugzeuges. Die Cargo-Tür ist mit 3,12 Meter Höhe und 3,40 Meter Breite groß genug, um 3,00 Meter hohe Paletten oder Container auf dem bordeigenen Ladesystem zu bewegen. Der Besatzungsruheraum wird für den Combi-Jumbo nicht angeboten, da er wegen der Frachtpositionierung im hinteren Teil des Hauptdecks während des Fluges nicht zugänglich wäre.

Als vierte Variante der 747-400 wird die Boeing 747-400 Freighter realisiert. Ende 1993 soll er vom Launching Customer Air France in Dienst gestellt

Die 747. Boeing 747 ging
an die Lufthansa, die ein
bedeutender Boeing-
Kunde ist. Hier wird das
von LTV gelieferte Seitenleitwerk installiert.

werden. In die Konstruktion des neuen Frachtjumbos flossen die Erfahrungen ein, die Boeing mit
dem 747-200 Frachter und der 747-400 Combi ge-
sammelt hatte. Grob gesagt und wie bereits in dem
Kapitel über die Cargo-Jumbos ausführlich beschrieben, wird die Dash 400F aus einem modifizierten Rumpf des -200-Frachters und den ebenfalls modifizierten Tragflächen der 747-400 bestehen. Die Winglets bleiben beim Frachter erhalten,
das verlängerte Oberdeck der Passagier-400 ist
beim Frachter überflüssig und wird daher nicht
übernommen. Das maximale Startgewicht (maximum take-off weight MTOW) der 747-400F beträgt
362 880 Kilogramm, als Option wird eine leistungs-
und gewichtsgesteigerte Variante mit einem
MTOW von 394 632 Kilogramm angeboten. Die
Airlines waren aber nicht allein an einer Steigerung
der Gewichtskapazität interessiert, sondern forderten vor allem eine Volumenerhöhung. Boeing kam

dieser Forderung nach, so daß der neue Fracht-
Jumbo allein auf dem Hauptdeck 21,196 Kubikmeter mehr nutzbaren Frachtraum hat. Im unteren
Frachtraum können günstigenfalls vier zusätzliche
LD-1/LD-3-Standardcontainer transportiert werden.
Kommerziell betrachtet war der neue Super-Jumbo Boeing 747-400 auf Anhieb ein Hit, obwohl an
ihm ein deutlich höheres Preisschild hängt als an
seinen Vorgängern. 1989 wurden beachtliche 68
Stück in Auftrag gegeben. Und 1990 verging kaum
eine Woche, in der die Boeing Commercial Airplane Group nicht mindestens eine neue Bestellung bekanntgeben konnte. Insgesamt addierten
sich die Orders im ersten Jahr des neuen Jahr-
zehnts auf eine Rekordhöhe von 172 Jumbo Jets.
Das entsprach der Zahl der 747-Bestellungen, die
Boeing in den Jahren zwischen 1970 und 1977 ent-
gegengenommen hatte. Bereits weniger als zwei

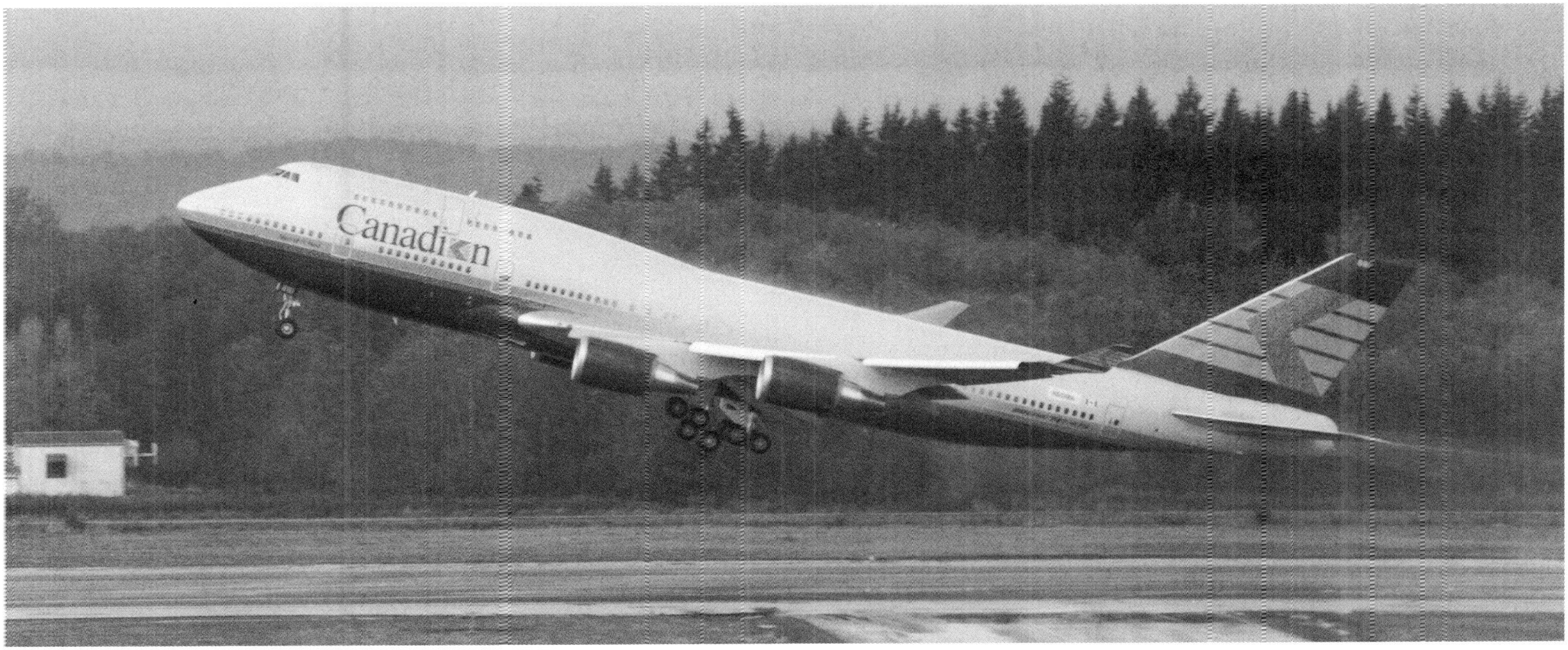

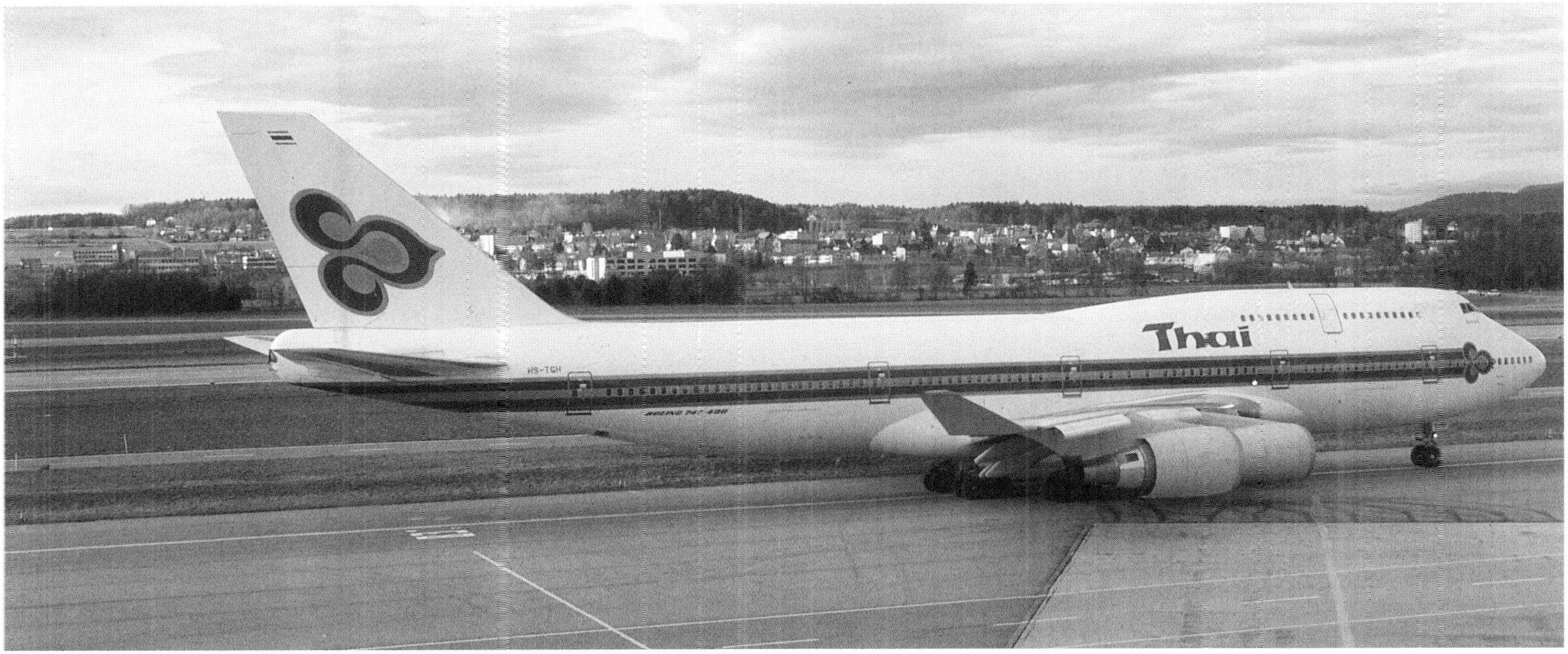
Thai

Jahre nach der Auslieferung der ersten 747-400 an Northwest Airlines hat Boeing die hundertste 747-400 ausgeliefert. Empfänger dieses Jubiläums-Jumbos war Canadian Airlines, die mit diesem Flugzeug Routen zwischen Kanada und Hawaii befliegt.

Als logische Konsequenz dieses Erfolgs bietet die Boeing Commercial Airplane Group seit dem 15. Mai 1990 nur noch das neueste Modell zum Verkauf an. Insgesamt wurden bis Ende 1991 437 Einheiten geordert und diese Zahl macht die 747-400 zur meistbestellten Baureihe des Jumbo Jets.

Ein Stück Luftfahrtgeschichte durfte eine 747-400 der Lufthansa am 28. Oktober 1991 schreiben. Das Flugzeug mit dem Taufnamen »Berlin« setzte als erstes Düsenverkehrsflugzeug auf dem neuen Flughafen München II auf. Zu diesem Zeitpunkt war der Airport im Erdinger Moos, 28 Kilometer nördlich Münchens aber noch nicht offiziell eröffnet, so daß Flugkapitän Robert Salzl mit seiner

Hier hat British Airways alles aufgebaut, was an Cateringmaterial für einen Langstreckenflug mit der 747-400 benötigt wird.

Besatzung die Maschine nur mit einer Außenlande-
genehmigung auf der Piste des neuen Flughafens
aufsetzen durfte. Hintergrund dieser Premiere war
die Tatsache, daß die Lufthansa die Kabinenausstattung ihrer 747-Flotte erneuern und das Kolli-
sionswarnsystem TCAS (Traffic Alert and Collision
Avoidance System) einbauen wollte, aber auf den
anderen Werftstandorten keinen Platz mehr frei
hatte. So wurde kurzerhand die Lufthansa-War-
tungshalle in München I früher aktiviert und ein
Jumbo in Lufthansa-Farben landete als erstes
Großflugzeug in München II.

**747-400M Combi wird vor
einem Flug beladen und
betankt.**

**Air France holte ihre erste
747-400 im Februar 1991 in
Everett ab.**

**Japan Airlines besitzt
mehr 747 als jede andere
Fluggesellschaft. Diese
hier ist das 75. Exemplar.**

Airliner werden nicht alt

Schicksal und Zukunft

Verkehrsflugzeuge sind hochwertigste Industriegüter mit einer verhältnismäßig hohen Lebensdauer. Sie kosten in der Anschaffung und im Betrieb viel Geld und deshalb haben alle Fluggesellschaften ein vitales Interesse daran, ihre Flugzeuge in einem Topzustand zu erhalten. Die Airliner der Kolbenmotor- und Turboprop-Generation wurden auf den Langstrecken aus dem Flugbetrieb genommen, als die schnellen Jets kamen und die langsamen Propellerflugzeuge nicht mehr mithalten konnten. Fluggesellschaften waren aus Konkurrenzgründen gezwungen, die kolbengetriebenen Passagiermaschinen zu Frachtern umzurüsten oder zu verschrotten. Bei den Jets ist es anders. Die Geschwindigkeit aller strahlgetriebenen Verkehrsflugzeug ist mit Ausnahme der überschallschneller Concorde ähnlich, die Speed läßt heute keinen Düsenjet der ersten Generation mehr alt aussehen. Und die zwingend vorgeschriebene, regelmäßige Wartung und Überholung verhindert, daß Airliner aus technischen Gründen nicht mehr fliegen können. Jedoch, je älter die Maschinen werden, umso kürzer werden die Wartungsintervalle und um so aufwendiger werden die Kontrollen und anfallenden Überholungsarbeiten. Steigen die Kosten für die Instandsetzungsarbeiten ins Unwirtschaftliche, oder werden die Betriebskosten aufgrund veralteter Technik, lauter Triebwerke oder selten werdender Ersatzteile zu hoch, entschließen sich die meisten Fluggesellschaften, diese Jetliner doch außer Dienst zu stellen, was häufig damit endet, daß die Flugzeuge auf einen der Wüstenflugplätze in Arizona oder Kalifornien überführt werden, wo sie im günstigsten Fall auf ihre Renaissance in Form einer neuen Motorisierung warten oder aber – im ungünstigen – auf die Schrottpresse und den Schmelzofen.

Von den bisher gebauten Boeing 747 sind die meisten noch im Flugbetrieb und werden es auch wohl noch eine ganze Weile bleiben. Manche 747-100 und -200B wurden von den First Level-Airlines verkauft und werden nun von »zweitklassigen« Carriern aus der Dritten Welt betrieben. Andere haben ein zweites Leben als Frachtflugzeug begonnen. Die Lufthansa ließ beispielsweise in Israel von Bedek Aviation mehrere Passagier-747 aus ihrer Flotte zu Frachtern mit seitlicher Ladetür umbauen. Sie fliegen seit 1991 bei der Lufthansa-Frachttochter German Cargo Services.

Im März 1992 geschah etwas Ungewöhnliches: Eine funktionstüchtige 747 wurde komplett recycled. Die Firma Ryder Airline Services mit Sitz in Dallas, Texas, nahm eine flugtüchtige Boeing 747 komplett auseinander, um die Teile als Ersatzteile zu verschachern. Der Erlös, der mit den einzeln verkauften Teilen erzielt wurde, war höher als der Wert des gesamten Flugzeugs. Es war dies der erste Fall, in dem mit einer 747 so verfahren wurde.

Zwei 747-Rümpfe wurden bei den Aging Aircraft Tests eingehend untersucht.

133

Die Maschine gehörte der General Electric Credit Corporation und wurde Ryder über die Leasinggesellschaft Polaris Aircraft Leasing verkauft, nachdem der Betreiber Pan Am in Konkurs gegangen war. Das Auseinandernehmen des Flugzeuges geschah in Ardmore, Oklahoma. Sicher wird dies nicht die letzte Aktion dieser Art gewesen sein, denn die niedrigen Preise für Gebrauchtflugzeuge in der Folge des Golfkriegs und der Rezession in den Vereinigten Staaten machen solche Recylingverfahren sinnvoll und einträglich.

Nicht verschweigen darf man, daß einige Boeing 747 durch Unglücksfälle oder Gewaltanwendung zerstört und als Totalverlust abgeschrieben werden mußten. Tragisch ist, daß bei Flugzeugunglücken mit Widebodies aufgrund der hohen Passagierkapazität häufig viele Opfer zu beklagen sind. Leider sind gerade deswegen Jumbos zu begehrten Zielen terroristischer Gewalttäter geworden.

Die erste 747, die durch Attentäter zerstört wurde, war kaum vier Monate vorher von Pan Am in Dienst gestellt worden. Am 6. September 1970 wurde das Flugzeug (N738PA) in Kairo am Boden stehend in die Luft gejagt. Am 23. Juli 1972 wurde wieder eine 747, die wiederum keine vier Monate alt war, von Terroristen gesprengt. Dieses Mal betraf es eine Maschine der Japan Airlines, die nach Benghasi in der lybischen Wüste entführt worden war. Glücklicherweise waren bei keinem der Zwischenfälle Menschenleben zu beklagen gewesen.

Die schwersten Attacken auf die zivile Luftfahrt mit Beteiligung von Boeing 747 ereigneten sich am 23. Juni 1985 und am 21. Dezember 1988. Air India Flug 182 war von Vancouver über Montreal und London auf dem Weg nach Dehli. Über dem Atlantik, 320 Kilometer vor der irischen Küste wurde die Boeing 747 (VT-EFO) durch eine Explosion einer eingeschmuggelten Bombe in der Luft zerrissen, 329 Menschen fanden den Tod. Die Passagiere und Besatzung einer ebenfalls an dem Tag von Vancouver gestarteten 747 der Japan Airlines hatten mehr Glück: Eine Bombe in einem Koffer explodierte erst nach der Landung bei der Gepäckausgabe und tötete zwei Gepäckarbeiter.

Kurz vor Weihnachten 1988 startete die Boeing 747 »Clipper Maid of the Seas« (N739PA) der Pan American Airways in London-Heathrow zum Flug nach New York. Über dem Städtchen Lockerbie in Schottland zerriß eine Explosion, ausgelöst durch einen mit Sprengstoff gefüllten Toshiba-Radiorekorder, das Flugzeug in Stücke, die auf den Ort fielen. Alle 259 Insassen der Maschine starben, ebenso zwölf Einwohner Lockerbies. Da die Spuren der mutmaßlichen Attentäter nach Lybien führten und das Land sich weigerte, die Beschuldigten auszuliefern, verhängten die Vereinten Nationen einen internationalen Luftverkehrsboykott gegen das nordafrikanische Land.

Unglücksfälle mit 747 ohne terroristischen Hintergrund sind ebenfalls passiert. Der erste betraf eine Maschine der Lufthansa. Die Boeing 747-130 mit dem Kennzeichen D-ABYB »Hessen« stürzte beim Start in Nairobi ab, da die vom Cockpit aus nicht einsehbaren Flügelnasenklappen nicht ausgefahren waren, die aber als ausgefahren gemeldet worden waren. 58 Tote und 97 Verletzte waren bei diesem Unfall zu beklagen. Als Reaktion auf diesen Absturz erhielten die 747 nachträglich ein Anzeigeinstrument für die Position der Nasenklappen.

In den schwersten Unfall der Geschichte der Zivilluftfahrt waren – fast logisch – zwei 747 verwickelt. Am 27. März 1977 war auf dem Flughafen von Teneriffa aufgrund von Nebel und Flugumleitungen »der Teufel los«. Der Flughafen der Insel war überlastet. In dieser Situation startete die Besatzung des Jumbos PH-BUF der KLM auf der vernebelten Runway und stieß mit einer 747 der Pan Am (N736PA) zusammen, die gerade in einen Taxiway einbog. Das KLM-Flugzeug riß den Pan Am-Jumbo auf, beide Maschinen fingen Feuer, 583 Menschen starben als Folge der Kollision. Die Frage, warum der KLM-Pilot – einer der erfahrensten Flugkapitäne der Gesellschaft – startete, bevor er die komplette Startfreigabe erhalten hatte, konnte nie geklärt werden.

Der folgenreichste Unfall der Luftfahrt, in dem nur ein Flugzeug beteiligt war, passierte ebenfalls mit einem Jumbo Jet, wobei sich die hohe Passagierkapazität der im innerjapanischen Flugverkehr eingesetzten 747SR als besonders tragisch erwies. Am 12. August 1985 stürzte die Boeing 747 der Japan Airlines mit dem Kennzeichen JA8119 etwa 100 Kilometer nordwestlich von Tokio ab und riß 520 Menschen in den Tod. Aufgrund einer (von Boeing) mangelhaft ausgeführten Reparatur nach einer harten Landung war es in der Folge zu einem Riß im hinteren Druckspant gekommen. Nach dem Start am 12. August kam es zu einem explosionsartigen Druckausgleich, der alle vier Leitungen des Hydrauliksystems beschädigte. Die Hydraulikflüssigkeit lief aus, das Flugzeug wurde nach und nach unsteuerbar und raste gegen einen Berg.

Die Ergebnisse der Unfalluntersuchung und der anschließend durch die Luftfahrtbehörden angeordneten Inspektionen für Boeing 747 mit einer großen Betriebsstundenzahl und/oder einer hohen Zahl von Landungen, führte dazu, daß sich viele fragten: »Kommt der Jumbo in die Jahre?« (Überschrift in der Frankfurter Rundschau vom 22. März 1988). Die Überprüfungen der »High-Cycle-747« hatte nämlich gezeigt, daß einige alte Maschinen unerwartete Alterserscheinungen aufwiesen.

Besonders in der sogenannten Sektion 41, dem vorderen Rumpfteil, war es an einigen Stellen durch die Drucklastwechsel zu Spannungen gekommen, die Rißbildungen begünstigten.

Die Boeing Commercial Airplanes (der Name Boeing Commercial Airplane Group wurde im Januar 1990 eingeführt) setzte daraufhin ein »Aging Aircraft«-Programm in Gang, das das Phä-

nomen des Alterns von Flugzeugstrukturen eingehendst untersuchte. Dazu wurden zwei 747-Rümpfe Drucktests unterzogen. Einer der beiden Rümpfe stammte von einer 747SR, die Boeing nach 20 000 Flügen von Japan Airlines zurückgekauft hatte. 20 000 Flüge bedeuteten das ursprüngliche Konstruktionsziel für die wirtschaftliche Lebensdauer der Flugzeugzelle. Der andere Rumpf kam von einer 747-400 aus der Produktion, die bereits über eine modifizierte Sektion 41 verfügte. Das Testteam setzte den Rumpf weiteren 20 000 Drucklastwechseln – entsprechend 20 000 Flügen – aus, wobei nach jeweils 1500 Cycles die Struktur gründlich gecheckt wurde. Einige ausgesuchte Risse wurden nicht repariert, um ihr Verhalten bei weiteren Belastungen zu studieren.

Resultat der jahrelangen Anstrengungen war eine Reihe von Boeing-Empfehlungen für die 727, 737 und 747, die die FAA als Airworthiness Directives, also als obligatorische Flugtauglichkeits-Richtlinien, erließ. Demnach mußten die Betreiber von Jumbo Jets mit mehr als 20 000 Flugbewegungen regelmäßig besondere Inspektionen und ein Paket mit 31 Modifikationen vornehmen, die unter dem Namen Sektion 41-Modifikationen bekannt wurden und für die Betreiber Kosten in Millionenhöhe verursachten, da rund 35 000 Mannstunden pro Flugzeug dafür anzusetzen sind. Dafür hatten die Gesellschaften aber ein Flugzeug, daß sie über die eigentliche wirtschaftliche Nutzungsdauer hinaus benutzen und sicher betreiben konnten.

Die oben geschilderten Unfälle bedeuten aber nicht, daß Großraumflugzeuge allgemein oder die 747 im Besonderen unsichere Flugzeuge sind. Ganz im Gegenteil. Trotz der tragischen Zwischenfälle gehört das Flugzeug zu den sichersten Verkehrsmitteln überhaupt. Und was die 747 betrifft: Die weltweite Flotte hatte bis Ende 1991 über 31 Millionen Stunden im kommerziellen Flugbetrieb zusammengebracht und dabei mehr als 1,2 Milliarden Menschen sicher an ihr Ziel gebracht. Kein anderes Flugzeugmuster hat bisher soviel Menschen über so große Entfernungen so sicher ans Ziel gebracht und andere Verkehrsträger haben eine deutlich schlechtere Sicherheitsstatistik.

Nur wenige Jumbo Jets haben das Glück, im hohen Alter noch zu besonderen Ehren zu kommen. Der 747-Prototyp beispielsweise wurde von der Boeing Commercial Airplane Group im Februar 1992 wieder reaktiviert, nachdem er 1990 nach 21 Jahren Dienst als Testflugzeug in den Ruhestand geschickt wurde. Im Rahmen seiner Karriere als fliegender Prüfstand hingen die verschiedensten Triebwerken am inneren Pylon der linken Fläche. Die »City of Everett«, wie das Flugzeug zwischenzeitlich getauft wurde, diente zur Zulassung neuer Triebwerke für die Boeing-Muster 757 und 767. 1983 wurde sie zum ersten Mal für drei Jahre eingemottet. Entmottet wurde sie, um als Modell für die Einrichtung der »fliegenden Weißen Häuser«, der beiden VC-25A für den US-Präsidenten, zu fungieren. Im September 1988, anläßlich des 20-jährigen Jubiläums der 747 durfte das Flugzeug zu einem Formationsflug mit der damals neuesten Jumbo-Version 747-400 starten.

Das Musuem of Flight in Seattle war im März 1990 hocherfreut, den 747-Prototypen, der wahrlich Luftfahrtgeschichte geschrieben hatte, geschenkt zu bekommen. Doch die Zeit im Museum währte nicht lange, im Februar 1992 wurde die »City of Everett« von Boeing im Auftrag von Pratt & Whitney und Rolls-Royce vom Museum of Flight wieder geleast, um als Testflugzeug die neuesten Versionen des PW4000- und des Trent-Antriebs für Boeings neue Supertwin, die 777, zu testen. Dazu wurden auf dem Boeing Field in Seattle die Tragflächen verstärkt, neue Triebwerkssteuerungen eingebaut und moderne Testinstrumente integriert. Nach Abschluß des Testprogramms ist vorgesehen, das Flugzeug wieder ins Museum zu schicken, vielleicht wieder nur so lange, bis ein neues Projekt auf dem Programm steht.

Eine weitere betagte 747 wird von General Electric Aero Engines ebenfalls dazu benutzt, als fliegender Prüfstand ein 777-Triebwerk zu testen. GE besorgte sich das Flugzeug bei der General Electric Credit Corp., die es wiederum von der in Konkurs gegangenen Pan Am übernahm, und modifiziert es entsprechend, damit der GE90-Turbofan an Stelle des Nummer zwei Triebwerks unter den Flügel gehängt werden kann. Wenn das gigantische Aggregat dieses Flugzeug zum ersten Mal in die Luft bringt, wird es also wiederum eine 747 sein, die geholfen hat, ein neues Kapitel in der Geschichte der Luftfahrt aufzuschlagen.

Über die Zukunft der Boeing 747 kann man heftig spekulieren. Auf einer Pressekonferenz anläßlich des Pariser Aérosalons 1991 sagte Philip M. Condit, damals Executive Vice President der Boeing Commercial Airplane Group, Marktanalysen ergäben

Die erste 747 wurde von Boeing als Testflugzeug behalten. Auf diesem Bild startet sie mit dem RB211-535E4-Triebwerk für die Boeing 757.

Über der Kulisse Seattles flogen zum 20jährigen Jubiläums des Jumbos im September 1988 der 747-Prototyp und die 747-400.

einen wachsenden Bedarf an Unterschall-Verkehrsflugzeugen, die größer seien als die 747-400. Auf einigen stark beflogenen Routen schickten manche Airlines zwei 747 im Abstand von einer bis vier Stunden auf die Reise. Der Markt benötige im Jahr 2005 oder vielleicht früher ein Flugzeug mit 600 oder mehr Sitzen. Boeing würde den Kunden gut zuhören und eine Reihe von Optionen kämen in Frage. Die Möglichkeiten beinhalteten eine gestreckte 747-400, eine 747 mit einem durchgehenden Oberdeck oder ein völlig neues Großflugzeug. Für welche der Möglichkeiten Boeing sich auch entscheidet, es ist aus heutiger Sicht gut möglich, daß der 747-Nachfolger wieder die 747 sein wird, die in ihrer Klasse bisher einzigartig und konkurrenzlos ist.

Liste der 747-Bestellungen

Erfolgsstatistik

Die Zahl der jährlichen Bestellungen für die Boeing 747 spiegelt die Situation der Fluggesellschaften weltweit wieder. Neben dem Launching Customer Pan American World Airways, der am 13. April 1966 die Bestellung von 25 Boeing 747 bekanntgab, gehörten auch die Deutsche Lufthansa AG (Mai 1966), Japan Airlines (Juni), British Airways (August), Trans World Airways (September), Air France (September), Continental Airlines (Oktober), American Airlines (November), Northwest (November), United Airlines (November) sowie Alitalia (Dezember) zu den Gesellschaften, die sich noch im ersten Jahr mit Bestellungen in das Boeing-Auftragsbuch entrugen. Pan American bezahlte 1966 für 25 Jumbo Jets 525 Millionen Dollar. Heute bekommt man für diese Summe bei einem ungefähren Stückpreis von 130 bis 160 Millionen Dollar gerade noch vier Jumbos der neuesten Generation. Während im bisher schwächsten Verkaufsjahr 1971 nur sieben Maschinen bestellt wurden, konnte Boeing dafür im gleichen Jahr 69 Jumbos fertigstellen und ausliefern. 1990 war ein Boomjahr für die Luftfahrt. Die Fluglinien kauften und nahmen Optionen für Flugzeuge fast nur in zweistelligen Zahlen. Singapore Airlines beispielsweise unterschrieb Kaufverträge für 15 Jumbos und nahm Optionen für weitere 15 auf, Continental Airlines bestellte 25 Boeing 757 und optierte 25 weitere. America West Airlines bestellte nicht weniger als 118 Airbus A320, KLM trug sich mit einem Auftrag über zehn MD-11 ins McDonnel Douglas-Auftragsbuch ein, während Japan Airlines sich die Bestellung von 20 Boeing 747-400 im Wert von 3,1 Milliarden Dollar gönnte und bei dieser Gelegenheit 34 Kaufabsichtserklärungen für das gleiche Flugzeugmuster unterzeichnete. Als logische Folge war 1990 mit großem Abstand das beste Jahr für die Boeing 747: Die Airlines orderten die Rekordzahl von 172 Exemplaren.

Die 100. Boeing 747 wurde am 26. Februar 1971 an Air Canada ausgeliefert.

Jahr	Bestellungen	Lieferungen
1966	85	—
1967	43	—
1968	22	—
1969	30	3 (plus ein Prototyp)
1970	18	92
1971	7	69
1972	18	30
1973	29	30
1974	29	22
1975	20	21
1976	14	27
1977	42	20
1978	76	32
1979	75	67
1980	49	73
1981	23	53
1982	14	25

Jahr	Bestellungen	Lieferungen
1983	24	23
1984	22	16
1985	42	24
1986	83	35
1987	69	23
1988	49	24
1989	68	45
1990	172	70
1991	38	64
1992	7	15
insgesamt 1168		905
(bis 31.03.92)		(bis 31.03.92)

Nur knapp 29 Monate nach dem Rollout der ersten Boeing 747 am 30. September 1968 übernahm Air Canada am 26. Februar 1971 den 100. Jumbo Jet. Die 400. Maschine dieses Musters wurde acht Jahre später, im Oktober 1979 an Aerolineas Argentinas ausgeliefert. Etwas mehr als ein Jahr später war erneut ein Jubiläum fällig: Die 500. Boeing 747 war fertiggestellt und feierte am 19. Dezember 1980 Rollout. Dieses Flugzeug ging an die drei-nationale skandinavische Fluggesellschaft SAS (Scandinavian Airlines System). Momentan nähert sich die Zahl der ausgelieferten Jumbo Jets immer stärker der 1000er-Marke. Die Zahl der Bestellungen übersprang diese Marke am 24. Mai 1990, als Japan Airlines mit einem Schlag 15 Boeing 747-400 orderte und fünf Optionen in Festbestellungen umwandelte. In der Geschichte des Luftverkehrs mit Jet-Airlinern überboten bislang nur drei weitere Muster mit ihren Bestellungen die Zahl 1000. Es waren zwei Typen aus dem Hause Boeing, nämlich die 727 und die 737 sowie die MD-80-Serie von McDonnell Douglas. 1992 liegen deutlich über 1100

Aufträge für das den Jumbo Jet vor und beweisen, daß es sich für Boeing gelohnt hat, 1966 das enorme Entwicklungsrisiko für die 747 auf sich zu nehmen. Das Kapital, was damals in die Entwicklung und den Aufbau der 747-Produktion floß, ist als ein Vielfaches wieder in die Firma zurückgekommen und wird Boeing auch sicher noch im nächsten Jahrtausend gute Erträge garantieren. Immerhin ist die Boeing Company nicht zuletzt durch die 747 seit den achtziger Jahren ständig wertmäßig der größte Exporteur der USA.

Die 747. Boeing 747 ging übrigens in den Besitz der Deutschen Lufthansa, die seit dem 12. Mai 1992 eine von weltweit drei Fluggesellschaften ist, die 50 oder mehr 747 bestellt und abgenommen haben. Eine der Maschinen, eine 747 der Baureihe -400, war aber nur etwa zehn Sekunden in Lufthansa-Besitz. Der Sultan von Brunei – einer der reichsten Männer der Welt – wünschte sich eine 747-400 zum Reisen und wollte das Flugzeug so schnell wie möglich haben. Boeing konnte aber nicht mit frühen Lieferpositionen dienen, so sprang die Lufthansa ein und verkaufte in einem Blitzdeal im April 1992 eine 747-400 sofort, nachdem sie die Abnahmeprotokolle unterschrieben hatte.

Nur British Airways und JAL haben mehr Boeing 747 gekauft als der deutsche National Carrier. Der britische National Carrier hat insgesamt für 87 Boeing 747 Kaufverträge unterzeichnet, 50 Verträge allein für das neueste Modell, die Dash 400. Rekordhalter bei den Jumbo Jets ist mit großem Abstand Japan Airlines (JAL), die bereits am 13. Mai 1991 ihre 75. Maschine vom Typ 747 in Everett in Empfang nahmen. Und zu diesem Zeitpunkt hatte JAL noch feste Verträge für 29 weitere 747 der 400er-Serie.

Die multinationale skandinavische Fluglinie SAS (Scandinavian Airline System) war der Käufer des 500. Jumbos. Derzeit nähert sich die Zahl der Lieferungen unaufhaltsam der 1000er-Marke.

Der Autor bedankt sich ganz herzlich bei allen nachfolgend genannten Firmen, ohne deren Hilfe dieses Buch nicht hätte realisiert werden können: Boeing Commercial Airplane Group, Deutsche Lufthansa AG, Swissair, British Airways, Pratt & Whitney, General Electric, Rolls-Royce, Redaktion FLUG REVUE. Die Fotos dieses Bandes stammen aus folgenden Quellen: Boeing Commercial Airplane Group (66), Archiv Thomalla (32), Deutsche Lufthansa (12), Archiv FLUG REVUE (8), British Airways (3), Pratt & Whitney (3), Pan American World Airways (3), Swissair (2), Rolls-Royce (2), Bundesbildstelle (1), Lockheed (1), United Airlines (1), Air France (1), SNECMA (1), Northrop Corporation (1), QANTAS (1), Krüger/Lufthansa (1).

Anhang

Boeing 747-Käufer

Übersicht der Flug- und Leasinggesellschaften, die Boeing 747 von der Boeing Company gekauft oder bestellt haben (Stand: 31. März 1992)

Gesellschaft:	Baureihe	bestellt	geliefert	Gesellschaft:	Baureihe	bestellt	geliefert
Aer Lingus	747-100	2	2	All Nippon Airways	747-100SR	17	17
Aerolineas Argentinas	747-200B	7	7		747-200B	5	5
Air Afrique	747-200F	1	1		747-400	20	5
Air Canada	747-100	5	5		747-400D	6	1
	747-200B Combi	2	2	America West	747-400	2	0
	747-400M	3	3	American Airlines	747-100	16	16
Air France	747-100	16	16	Asiana Airlines	747-400	4	0
	747-200B	2	2		747-400F	3	0
	747-200F	9	9		747-400M	4	2
	747-200B Combi	11	11	Avianca Colombia	747-200B Combi	1	1
	747-400	11	6	Braniff	747SP	3	3
	747-400F	5	0		747-100	1	1
	747-400M	2	2		747-200B	1	1
Air Gabon	747-200B Combi	1	1	British Airways	747-100	18	18
Air India	747-200B	11	11		747-200B	15	15
	747-300M	2	2		747-200F	1	1
	747-400	4	0		747-200B Combi	3	3
Air Madagascar	747-200B Combi	1	1		747-400	50	22
Air New Zealand	747-200B	5	5	CAAC (China)	747SP	4	4
	747-400	4	2		747-200F	1	1
TAP Air Portugal	747-200B	4	4		747-200B Combi	3	3
Alitalia	747-100	2	2		747-400	5	1
	747-200B	9	9		747-400M	3	3
	747-200F	1	1	Cameroon Airlines	747-200B Combi	1	1
	747-200B Combi	5	5	Canadian	747-400	3	2

Gesellschaft:	Baureihe	bestellt	geliefert	Gesellschaft:	Baureihe	bestellt	geliefert
Canadian Pacific	747-200B	4	4	Japan Airlines	747-100	8	8
Cargolux	747-200F	2	2		747-100SR	12	12
	747-400F	3	0		747-200B	24	24
Cathay Pacific Airways	747-200B	8	8		747-200F	7	7
	747-200F	2	2		747-300	9	9
	747-300	6	6		747-300SR	4	4
	747-400	15	9		747-400	34	17
	747-400F	2	0		747-400D	6	3
China Airlines	747SP	4	4	Japan Asia Airways	747-300	1	1
	747-200B	3	3	KLM	747-200B	10	10
	747-200F	2	2		747-200B Combi	7	7
	747-200B Combi	1	1		747-300M	3	3
	747-400	5	3		747-400	5	4
Condor Flugdienst	747-200B	2	2		747-400F	2	0
Continental Airlines	747-100	4	4		747-400M	10	8
Delta Air Lines	747-100	5	5	Korean Air	747SP	2	2
Eastern Airlines	747-100	4	4		747-200B	6	6
Egyptair	747-300M	2	2		747-200F	5	5
El Al	747-200B	4	4		747-300	2	2
	747-200C	2	2		747-300M	1	1
	747-200F	1	1		747-400	32	7
	747-400	2	0		747-400M	2	1
EVA Air	747-400	6	0	Kuwait Airways	747-200B Combi	4	4
Flying Tigers	747-200F	4	4	Deutsche Lufthansa	747-100	3	3
Garuda Indonesia	747-200B	6	6		747-200B	7	7
	747-400	9	0		747-200F	6	6
Iberia	747-100	2	2		747-200B Combi	14	14
	747-200B	6	6		747-400	9	9
	747-200B Combi	1	1		747-400M	7	7
Inter'l Lease Finance	747-300	3	3	Martinair Holland	747-200C	2	2
	747-400	7	2	Malaysia Airline System	747-300M	1	1
Iran Air	747SP	4	4		747-400	11	2
	747-100B	1	1		747-400M	2	2
	747-200B Combi	2	2	Middle East Airlines	747-200B Combi	3	3
Iraqi Airways	747SP	1	1	National	747-100	2	2
	747-200C	3	3	Nippon Cargo Airlines	747-200F	6	6
Japan Air System	747-400	3	0	Northwest	747-100	10	10
	747-400D	1	0		747-200B	19	19

Gesellschaft:	Baureihe	bestellt	geliefert
	747-200F	8	8
	747-400	16	10
Olympic Airways	747-200B	2	2
Pakistan International	747-200B Combi	2	2
Pan American	747-100	33	33
	747SP	10	10
	747-200F	2	2
Philippine Airlines	747-200B	4	4
QANTAS	747SP	2	2
	747-200B	19	19
	747-200B Combi	3	3
	747-300	6	6
	747-400	18	14
Royal Air Maroc	747-200B Combi	1	1
Royal Jordanian	747-200B	1	1
	747-200B Combi	2	2
SABENA	747-100	2	2
	747-300M	2	2
SAS	747-200B	3	3
	747-200B Combi	3	3
Saudi Arabian Airlines	747SP	2	2
	747-100B	8	8
	747-200F	1	1
	747-300	10	10
Seabord World Airways	747-200F	6	6
Singapore Airlines	747-200B	19	19
	747-200F	1	1
	747-300	11	11
	747-300M	3	3
	747-400	38	12
	747-400F	1	0
South African Airways	747SP	6	6
	747-200B	5	5
	747-200B Combi	2	2
	747-300	2	2
	747-400	2	2

Gesellschaft:	Baureihe	bestellt	geliefert
Swissair	747-200B	2	2
	747-300	2	2
	747-300M	3	3
Syrian Arab Airlines	747SP	2	2
Thai International	747-200B	6	6
	747-300	2	2
	747-400	12	4
Transamerica Airlines	747-200C	3	3
Trans World Airlines	747-100	15	15
	747SP	3	3
United Airlines	747-100	18	18
	747-200B	2	2
	747-400	45	12
UTA	747-200F	3	3
	747-200B Combi	2	2
	747-300	1	1
	747-300M	2	2
	747-400	1	1
	747-400M	1	1
VARIG	747-200B Combi	3	3
	747-300M	2	2
	747-400	5	0
Wardair	747-100	1	1
	747-200B	2	2
World Airways	747-200C	3	3

Hinzu kommen noch Flugzeuge von nichtkommerziellen Kunden:

Gesellschaft:	Baureihe	bestellt	geliefert
Iranische Regierung	747-200F	4	4
Japanische Regierung	747-400	2	2
Saudische Regierung	747SP	1	1
	747-300	1	1
US Air Force	E-4A/B	4	4
	VC-25A	2	2
Ungenannter Kunde	747SP	1	1

Technische Daten
der wichtigsten Jumbo-Versionen

Die hier aufgeführten Daten stellen lediglich Durchschnittswerte dar. Das Leergewicht jedes Flugzeuges ist natürlich abhängig von der Ausrüstung und der Triebwerke, die die Fluggesellschaft wählt. Dementsprechend können sich die Leistungsdaten und die Angaben von Gewichten von den in den Publikationen der Airlines zu finden-den Angaben teilweise unterscheiden. Wenn als Option erhöhte Leistungen oder Gewichte angebo-ten wurden, sind diese mit angegeben.

Boeing 747-100

Abmessungen		
	Spannweite	59,64 m
	Flügelfäche	510,97 m²
	Flügelpfeilung	37,5 Grad positiv
	V-Stellung der Tragflächen	7 Grad positiv
	Streckung	6,96
	Tiefe der Tragflügel	
	an der Flügelspitze	4,06 m
	an der Flügelwurzel	16,56 m
	Länge	70,66 m
	Rumpflänge	68,38 m
	Kabinenlänge	56,39 m
	Kabinenvolumen	837,3 m³
	typische Passagierkapazität	
	First Class/Economy	48/337
	Höhe	19,33 m
	Spannweite des Höhenleitwerks	22,18 m
	Fläche des Höhenleitwerks	136,60 m²
	Pfeilung des Höhenleitwerks	37,5 Grad positiv
	Höhe des Seitenleitwerks	9,83 m
	Fläche des Seitenleitwerks	77,10 m²
	Abstand zwischen Bug- und Hauptfahrwerk	25,60 m
	Spurweite des Fahrwerks	11,00 m

Gewichte	maximales Rollgewicht	323 400 kg / 334 800 kg
	maximales Startgewicht	322 100 kg / 333 400 kg
	Landegewicht	255 800 kg
	Zero Fuel Weight	238 800 kg
	typisches Operating Weight Empty (OEW)	161 900 kg / 162 000 kg
	Nutzlast	76 900 kg / 76 800 kg
	Anzahl Treibstofftanks	7
	Fassungsvermögen Treibstofftanks	190 475 l
Leistungen	Reisefluggipfelhöhe	45 000 Fuß
	maximale Geschwindigkeit in 30 000 Fuß	517 kts (958 km/h)
	FAR-Startstrecke unter ISA-Bedingungen bis in 35 Fuß Höhe	2880 m
	FAR-Landestrecke bei Höchstgewicht	1880 m
	Reichweite mit normalen Reserven, 385 Passagieren und deren Gepäck	4930 nm (9136 km)
Antriebe	Triebwerke	4 Turbofans JT9D
	Hersteller	Pratt & Whitney
Startschub	je nach Ausführung	zwischen 41 000 und 50 000 lbs
	Erstflug	9. Februar 1969

Boeing 747-200

Abmessungen	siehe Boeing 747-100, außer	
	Kabinenvolumen	842,6 m^3
	typische Passagierkapazität First/ Business/ Economy	32/74/260
Gewichte	maximales Rollgewicht	352 900 kg / 379 200 kg
	maximales Startgewicht	351 500 kg / 377 800 kg
		351 540 kg (747-200F)
	Landegewicht	255 800 kg / 285 770 kg
	Zero Fuel Weight	238 800 kg
		267 615 kg (747-200F)
	typisches OEW	169 160 kg / 169 690 kg
		150 657 kg (747-200F)
	Nutzlast	69 640 kg / 69 110 kg
		116 962 kg (747-200F)

Leistungen	Reisefluggipfelhöhe	45 000 Fuß
	maximales Geschwindigkeit in 30 000 Fuß	523 kts (969 km/h)
	FAR-Startstrecke unter ISA-Bedingungen	
	bis in 35 Fuß Höhe	2880 m
	FAR-Landestrecke	1881 m
	Reichweite mit international üblichen	
	Reserven, 442 Passagieren und Gepäck	5150 nm (9544 km)
	Fassungsvermögen Treibstofftanks	193 051 l
Antriebe	Triebwerke	4 Pratt & Whitney JT9D oder
		4 General Electric CF6-50 oder
		4 General Electric CF6-80 oder
		4 Rolls-Royce RB524-211
Startschub	je nach Ausführung	zwischen 46 950 und 53 000 lbs
	Erstflug	11. Oktober 1970

Boeing 747-300

Abmessungen	siehe Boeing 747-200B außer	
	Kabinenvolumen	885,4 m^3
	typische Passagierkapazität	
	First/Business/Economy	34/76/290
Gewichte	maximales Rollgewicht	352 900 kg/ 379 200 kg
	maximales Startgewicht	351 500 kg/ 377 800 kg
	Landegewicht	260 400 kg/ 285 770 kg
	Zero Fuel Weight	242 700 kg
	typisches OEW	173 190 kg/ 173 730 kg
	Nutzlast	69 510 kg/ 69 970 kg
	Fassungsvermögen Treibstofftanks	198 390 l
Leistungen	maximale Reiseflughöhe	45 000 Fuß
	maximale Geschwindigkeit in 30 000 Fuß	530 kts (982 km/h)
	FAR-Startstrecke bei ISA-Bedingungen	
	bis in 37 Fuß Höhe	3079 m
	FAR-Landestrecke	1881 m
	Reichweite mit normalen Reserven,	
	400 Passagieren und Gepäck	6700 nm (12 408 km)
	Reichweite bei Überführungsflügen	7750 nm (14 353 km)

Antriebe	Triebwerke	4 Pratt & Whitney JT9D-7R4G2
		oder
		4 General Electric CF6-50E2
		oder
		4 General Electric CF-80C2
		oder
		4 Rolls-Royce RB211-524D4
Startschub	je nach Ausführung	zwischen 53 000 und 56 000 lbs
	Erstflug	5. Oktober 1982

Boeing 747-400

Abmessungen	wie 747-300 außer	
	Spannweite betankt	64,92 m
	Spannweite unbetankt	64,44 m
	Flügelfläche	524,9 m²
	Höhe der Winglets	1,83 m
	typische Passagierkapazität	
	First/Business/Economy	34/76/290
Gewichte	maximales Rollgewicht	364 240 kg / 395 990 kg
	maximales Startgewicht	362 830 kg / 394 630 kg
	Landegewicht	260 370 kg / 285 770 kg
	Zero Fuel Weight	242 630 kg
	typisches OEW	180 530 kg / 180 630 kg
	Nutzlast	62 150 kg / 61 830 kg
	Fassungsvermögen Treibstofftanks	204 350 l
Leistungen	maximale Reiseflughöhe	45 000 Fuß
	FAR-Startstrecke bis in 35 Fuß Höhe	3323 m
	FAR-Landestrecke bei Höchstgewicht	2134 m
	Reichweite mit international üblichen	
	Reserven, 412 Passagieren und Gepäck	7300 nm (13 528 km)
	Reichweite auf Überführungsflügen	9673 nm (15 569 km)
Antriebe	Triebwerke	4 General Electric
		CF6-80C2-B1F oder
		4 Pratt & Whitney PW4000 oder
		4 Rolls-Royce RB211-524G/H
Startschub	je nach Ausführung	zwischen 50 000 und 58 000 lbs
	Erstflug	29. April 1988

Literaturverzeichnis

Dieses Literaturverzeichnis bringt eine Auswahl der wichtigsten vom Autor benutzten Quellen. Neben allgemeinen Werken zur Geschichte der Luftfahrt wurden auch Berichte aus der einschlägigen Fachpresse (FLUG REVUE, Aviation Week & Space Technology, Flight International, aerokurier) als Literaturgrundlage herangezogen. Besonders hervorzuheben sind das Buch »Boeing Aircraft since 1916« von Peter M. Bowers und das Büchlein von Peter Gilchrist »Boeing 747«, die zu den kompetentesten und verläßlichsten Werken über den Jumbo Jet gehören. Die ungeschlagen beste technische Beschreibung der 747 hat Hans Brenner geschrieben. Sie erschien in der FLUG REVUE 11/69 und hat mir immer dann geholfen, wenn es Verständnisprobleme gegeben hat. Zitate sind als solche im Text ausgewiesen.

Bowers, Peter M.: Boeing Aircraft since 1916, 3. Auflage, London, England, 1989

Deutsche Lufthansa AG (Hrsg.): Lufthansa Jahrbuch '86, Köln, Bundesrepublik Deutschland, 1986

Deutsche Lufthansa AG (Hrsg.): Die Geschichte der Deutschen Lufthansa 1926–1984, Köln, Bundesrepublik Deutschland, 1984

General Electric Company (Hrsg.): Eight Decades of Progress, Cincinnati, USA, 1990

Gilchrist, Peter: Boeing 747, Shepperton, England, 1985

Roach, J.R. und Eastwood, A.B.: Jet Airliner Production List 1949 – 1989, West Drayton, England, 1989

Smith, Paul R.: Boeing 747, Shrewsbury, England, 1990

Stewart, Stanley: 400 Tonnen heben ab, Stuttgart, Bundesrepublik Deutschland, 1989

Wepfer, Peter und Schroeder, Urs von: SR308 startbereit, Zürich, Schweiz, 1990

Heimann, Erich H.: Die Flugzeuge der Deutschen Lufthansa, 3. Auflage, Stuttgart, Bundesrepublik Deutschland, 1987

Hünecke, Klaus.: Flugtriebwerke – Ihre Technik und Funktion, 5. Auflage, Stuttgart, Bundesrepublik Deutschland, 1990

Klee, U.: JP Airline-Fleets international 1990, 24th edition, Zürich, Schweiz, 1990

Kreuzer, Helmut: Jetliner, Ratingen, Bundesrepublik Deutschland 1991

Minton, David H.: The Boeing 747, Blue Ridge Summit, Pennsylvania, USA, 1991

Mondey, David: Concise Guide to Commercial Aircraft of the World, 3. Auflage, Feltham, Middlesex, England, 1985

Moser, Sepp: Wie sicher ist Fliegen? Zürich, Schweiz und Wiesbaden, Bundesrepublik Deutschland, 1986

Munson, Kenneth: U.S. Commercial Aircraft, London, England, 1989

Redding, Robert und Yenne, Bill: Boeing – Planemaker to the World, New York, USA, 1989

Faszination Fliegen

Wer sich wie Sie für Luft- und Raumfahrt interessiert, findet in FLUG REVUE alles Wissenswerte aus den Bereichen Zivil- und Militärluftfahrt, Geschäfts- und Privatfliegerei, Raumfahrt, Forschung, Technik, Entwicklung und Historie.

FLUG REVUE –
Das internationale
Luft- und Raumfahrt-
Magazin.
Jeden Monat neu!